Kleine Diogenes Taschenbücher 70042

Albert Camus
Weder Opfer noch Henker
*Aus dem Französischen von
Lislott Pfaff
Mit einem Essay von
Heinz Robert Schlette
und einem Beitrag von
Hans Mayer*

Diogenes

Nachweis am Schluß des Bandes
Umschlagillustration: Henri Matisse,
›Nu bleu‹, 1952
Copyright © 1995 ProLitteris, Zürich

Alle Rechte an dieser Ausgabe vorbehalten
Copyright © 1996
Diogenes Verlag AG Zürich
500/96/51/1
ISBN 3 257 70042 3

Inhalt

Albert Camus
Weder Opfer noch Henker
  Das Jahrhundert der Angst 9
  Menschen retten 16
  Der mystifizierte Sozialismus 22
  Die getarnte Revolution 30
  Internationale Demokratie und
    Diktatur 38
  Die Welt verändert sich rasch 45
  Ein neuer Gesellschaftsvertrag 52
  Der Dialog zeichnet sich ab 60

Heinz Robert Schlette
Albert Camus' Hoffnung 69

Hans Mayer
Imaginäres Gespräch zwischen
Albert Camus und Hermann Hesse 107

Albert Camus

*Weder Opfer
noch Henker*

Das Jahrhundert der Angst

Das 17. Jahrhundert war das Jahrhundert der Mathematik, das 18. jenes der Naturwissenschaften und das 19. jenes der Biologie. Das unsrige, das 20. Jahrhundert, ist das Jahrhundert der Angst. Man wird mir entgegnen, daß dies keine Wissenschaft sei. Aber die Wissenschaft hat zunächst doch etwas damit zu tun, da ihre letzten theoretischen Fortschritte sie zur Selbstverleugnung getrieben haben und da ihre praktischen Vervollkommnungen die ganze Erde zu zerstören drohen. Und wenn ferner die Angst an sich auch nicht als Wissenschaft betrachtet werden kann, so besteht doch kein Zweifel darüber, daß sie eine Technik ist.

Was nämlich in der Welt, in der wir leben, am meisten auffällt, ist, daß der größte Teil der Menschen (mit Ausnahme der Gläubigen aller Schattierungen) im allgemeinen keine Zukunft haben. Es gibt aber kein sinnvolles Leben ohne Aussicht auf eine Zukunft, ohne Hoffnung auf ein Reifwerden und auf den Fortschritt. Vor einer Mauer zu leben, ist ein Hundeleben. Nun, die Menschen meiner Generation und jener, die heute in die Betriebe und in die Fakultäten eintritt, haben wie Hunde gelebt und leben immer mehr wie Hunde.

Natürlich ist es nicht das erste Mal, daß Menschen eine praktisch vermauerte Zukunft vor sich haben. Aber gewöhnlich überwanden sie das mit dem Wort und mit dem Rufen. Sie beriefen sich auf andere Werte, die ihre Hoffnung bildeten. Heute redet niemand mehr (außer jenen, die sich wiederholen), weil es uns scheint, die Welt werde durch blinde und taube Kräfte gelenkt, die weder Warnrufe noch Ratschläge, noch Bitten hören. In uns ist etwas zerstört worden durch das Schauspiel der Jahre, die wir soeben erlebt haben. Und dieses Etwas ist das ewige Vertrauen des Menschen, das ihn immer glauben ließ, man könne bei einem andern Menschen menschliche Reaktionen hervorrufen, wenn man mit ihm in der Sprache der Menschlichkeit rede. Wir haben erlebt, wie gelogen, erniedrigt, getötet, deportiert, gefoltert wurde, und jedesmal war es unmöglich, jene, die es taten, zu überreden, es nicht zu tun, weil sie ihrer selbst sicher waren und weil man eine Abstraktion, das heißt den Vertreter einer Ideologie, nicht überreden kann.

Der lange Dialog zwischen den Menschen ist nun abgebrochen worden. Und es versteht sich, ein Mensch, den man nicht überreden kann, ist ein Mensch, der Angst einflößt. Neben den Leuten, die nicht redeten, weil sie es als nutzlos erachteten, dehnte sich deshalb und dehnt sich immer noch eine endlose Verschwörung des Schweigens aus, von jenen akzeptiert, die zittern und gute Gründe dafür finden, dieses Zittern vor sich selbst zu verbergen, und von jenen herbeigeführt, die ein Interesse daran haben, es zu tun. »Ihr dürft nicht von der Säuberungsaktion unter den Künstlern Rußlands sprechen, da dies der Reaktion zugute käme.« »Ihr müßt verschweigen, daß Franco von den Angelsachsen unterstützt wird, weil das dem Kommunismus zugute käme.« Ich habe ja gesagt, die Angst sei eine Technik.

Es stimmt also, von der sehr allgemeinen Angst vor einem Krieg, den jedermann vorbereitet, bis zur ganz spezifischen Angst vor den tödlichen Ideologien leben wir im Terror. Wir leben im Terror, weil das Überzeugen nicht mehr möglich ist, weil der Mensch der Geschichte gänzlich ausgeliefert worden ist und sich nicht mehr jener Seite seiner selbst zuwenden kann, die ebenso wahr ist wie die historische Seite und der er in der Schönheit der Welt und ihrer Gestalten begegnet; weil wir in einer Welt der Abstraktion leben, einer Welt der Büros und der Maschinen, der absoluten Ideen und des undifferenzierten Sektierertums. Wir ersticken zwischen den Leuten, die unbedingt recht zu haben glauben, sei dies mit ihren Maschinen oder mit ihren Ideen. Und für alle, die nur im Dialog und in der Freundschaft unter den Menschen leben können, bedeutet dieses Schweigen das Ende der Welt.

Um von diesem Terror loszukommen, müßte man nachdenken und nach den eigenen Überlegungen handeln können. Aber gerade der Terror ist kein günstiges Klima zum Nachdenken. Ich bin jedoch der Meinung, man sollte diese Angst, anstatt sie zu rügen, als eines der ursprünglichsten Elemente unserer Situation betrachten und sollte ihr abzuhelfen versuchen. Es gibt nichts Wichtigeres. Denn es geht um das

Schicksal einer großen Zahl von Europäern, die der Gewalttätigkeiten und der Lügen überdrüssig sind, die in ihren größten Hoffnungen enttäuscht wurden und denen der Gedanke widerstrebt, ihre Mitmenschen zu töten, und sei es, um sie zu überreden, denen aber auch der Gedanke widerstrebt, auf dieselbe Weise überredet zu werden. Und doch ist dies die Alternative, in die man jene große Menschenmasse Europas versetzt, die keiner Partei angehört oder sich in jener, die sie gewählt hat, nicht wohl fühlt; die daran zweifelt, daß der Sozialismus in Rußland und der Liberalismus in Amerika verwirklicht werden, die indessen diesem wie jenem das Recht zuerkennt, seine Wahrheit zu verkünden, jedoch nicht zulassen will, daß diese Wahrheit durch individuellen oder kollektiven Mord erzwungen wird. Unter den Mächtigen des Tages sind das heimatlose Menschen. Diese Menschen können keine Anerkennung ihres

Standpunktes erlangen (ich sage nicht Sieg, sondern Anerkennung) und werden ihre Heimat erst wiederfinden, wenn sie sich bewußt geworden sind, was sie wollen, und wenn sie es so einfach und so laut sagen, daß ihre Worte zu einer Konzentration der Kräfte führen. Und wenn die Angst nicht das richtige Klima zum Nachdenken ist, so müssen sie eben zuerst mit der Angst fertig werden.

Um mit ihr fertig zu werden, muß man begreifen, was sie bedeutet und was sie ablehnt. Sie bedeutet dieselbe Tatsache, die sie ablehnt: eine Welt, in welcher der Mord legitimiert ist und in der das menschliche Leben als wertlos betrachtet wird. Das ist heute unser wichtigstes politisches Problem. Und bevor man sich mit den übrigen Problemen befaßt, muß man dazu Stellung beziehen. Vor jeglicher Erarbeitung einer Theorie muß man heute zwei Fragen stellen: »Wollt ihr direkt oder indirekt getötet oder gewalttätig behandelt werden, ja oder nein? Wollt ihr direkt oder indirekt töten oder Gewalt antun, ja oder nein?« Alle, die diese beiden Fragen mit Nein beantworten, werden automatisch in eine Reihe von Konsequenzen verwickelt, welche die Art, wie sie die Frage zur Diskussion stellen, sicher beeinflussen. Ich beabsichtige, nur zwei oder drei dieser Konsequenzen aufzuzeigen. Inzwischen kann der gutwillige Leser mit sich zu Rate gehen und eine Antwort geben.

Menschen retten

Als ich eines Tages sagte, ich könne nach den Erlebnissen der beiden letzten Jahre keine Wahrheit mehr anerkennen, die mir direkt oder indirekt die Verpflichtung auferlege, einen Menschen zum Tod verurteilen zu lassen, machten mich Leute, die ich mitunter achtete, darauf aufmerksam, daß ich in einer Utopie lebe, daß es keine politische Wahrheit gebe, die uns nicht eines Tages zu dieser Notmaßnahme treibe, und daß man deshalb das Risiko einer solchen Notmaßnahme auf sich nehmen oder die Welt so akzeptieren müsse, wie sie sei.

Dieses Argument wurde mit Nachdruck vorgebracht. Aber zunächst glaubte ich, daß man nur deshalb so großen Nachdruck darauf legte, weil die Leute, die es vorbrachten, sich den Tod der anderen nicht vorstellen konnten. Das ist eine Ungereimtheit unseres Jahrhunderts. So wie man sich per Telefon liebt und wie man nicht mehr mit dem Material, sondern mit der Maschine arbeitet, tötet man heute in Stellvertretung und wird auch so getötet. Man gewinnt dadurch an Sauberkeit, verliert aber an Erfahrung.

Indessen hat dieses Argument noch eine andere, wenn auch indirekte Wirkung: Es stellt die Frage der Utopie zur Diskussion.

Mit einem Wort, Leute wie ich möchten keineswegs eine Welt, in der man sich nicht tötet (wir sind nicht so verrückt!), sondern eine Welt, in welcher der Mord nicht legitimiert ist. Wir befinden uns damit tatsächlich in der Utopie und im Widerspruch. Denn wir leben ja gerade in einer Welt, in welcher der Mord legitimiert ist, und wir müssen sie ändern, wenn sie uns nicht paßt. Aber es scheint, daß man sie nicht ändern kann ohne Aussicht auf Mord. Der Mord führt uns also zum Mord zurück, und wir werden weiterhin im Terror leben, indem wir ihn entweder resigniert akzeptieren oder indem wir ihn durch Mittel abschaffen wollen, die einen anderen Terror an seine Seite setzen. Nach meiner Meinung sollte sich jedermann Gedanken darüber machen. Denn was mich überrascht inmitten der Polemiken, der Drohungen und der Ausbrüche von Gewalttätigkeit, ist, daß alle guten Willens sind. Mit Ausnahme einiger

Betrüger finden alle, von der Rechten bis zur Linken, ihre Wahrheit sei geeignet, die Menschen glücklich zu machen. Und doch führt die Gesamtheit dieses guten Willens zu unserer infernalischen Welt, in der die Menschen immer noch getötet, bedroht, deportiert werden, in welcher der Krieg vorbereitet wird und in der es unmöglich ist, ein Wort zu sagen, ohne sogleich beschimpft oder verraten zu werden. Man muß also darauf schließen, daß zwar Leute wie wir im Widerspruch leben, daß wir aber nicht die einzigen sind und daß jene, die uns der Utopie bezichtigen, vielleicht in einer zwar zweifellos anderen, aber schließlich kostspieligeren Utopie leben.

Man muß also zugeben, daß die Weigerung, den Mord zu legitimieren, uns zwingt, unsere Vorstellung von der Utopie neu zu überdenken. In diesem Zusammenhang kann man wohl folgendes sagen: Die Utopie ist das, was im Widerspruch zur

Realität steht. Aus dieser Sicht wäre es völlig utopisch zu verlangen, daß niemand niemanden mehr tötet. Das ist die absolute Utopie. Aber es ist eine Utopie viel geringeren Ausmaßes, als zu verlangen, daß der Mord nicht mehr legitimiert wird. Die marxistische und die kapitalistische Ideologie, die beide auf dem Fortschrittsglauben beruhen, die beide von der Überzeugung ausgehen, daß die Anwendung ihrer Grundsätze das Gleichgewicht der Gesellschaft schicksalhaft herbeiführen müsse, sind übrigens Utopien viel größeren Ausmaßes. Überdies sind sie im Begriff, uns sehr teuer zu stehen zu kommen.

Daraus ist zu schließen, daß sich der Kampf, der in den kommenden Jahren beginnen wird, praktisch nicht zwischen den beiden Kraftfeldern der Utopie und der Realität, sondern zwischen verschiedenen Utopien ansiedeln wird, die sich im Realen einzunisten versuchen, wobei es sich nur noch darum handelt, jene Utopien zu wählen, die am wenigsten kosten. Meine Überzeugung ist es, daß wir vernünftigerweise nicht mehr hoffen können, alles zu retten, daß wir uns aber vornehmen können, zumindest Menschen zu retten, damit eine Zukunft noch möglich ist.

Wie man sieht, ist also die Tatsache, daß man eine Legitimation des Mordes ablehnt, nicht utopischer als die heutigen realistischen Einstellungen. Es fragt sich nur, ob letztere teurer oder billiger sind. Das ist ein Problem, das wir ebenfalls lösen müssen, und meine Meinung ist also entschuldbar, man könne sich nützlich machen, indem man hinsichtlich der Utopie die Voraussetzungen festlegt, die zur Befriedigung der Geister und der Nationen erforderlich sind. Diese Überlegung, vorausgesetzt daß sie ohne Angst wie auch ohne Anmaßung angestellt wird, kann dazu beitragen, die Voraussetzungen für ein richtiges Bewußtsein zu schaffen und für eine vorläufige Übereinkunft zwischen jenen Menschen, die weder Opfer noch Henker sein wollen. Selbstverständlich geht es nicht darum, in den nun folgenden Artikeln einen absoluten Standpunkt einzunehmen, sondern nur darum, einige der gegenwärtig verfälschten Ideen zu berichtigen und zu versuchen, das Problem der Utopie so korrekt als möglich darzustellen. Kurz, es geht darum, die Voraussetzungen für ein anspruchsloses politisches Bewußtsein festzulegen, das heißt für ein Bewußtsein, das von jeglichem Sektierertum und von der Nostalgie nach dem Paradies auf Erden befreit ist.

Der mystifizierte Sozialismus

Wenn man einsieht, daß der Zustand des Terrors, in dem wir, eingestandenermaßen oder nicht, seit zehn Jahren leben, noch nicht beendet ist und daß er heute größtenteils zum Mißbehagen der Gemüter und der Nationen beiträgt, muß man überlegen, was gegen den Terror einzuwenden ist. Dies stellt das Problem des westlichen Sozialismus zur Diskussion. Denn der Terror läßt sich nur rechtfertigen, wenn man den Grundsatz, daß der Zweck die Mittel heiligt, anerkennt. Und diesen Grundsatz kann man nur anerkennen, wenn die Wirksamkeit einer Handlung als absolutes Ziel gesetzt wird, wie es bei den nihilistischen Ideologien der Fall ist (alles ist erlaubt, was zählt, ist der Erfolg) oder bei jenen Philosophien, die aus der Geschichte ein Absolutes machen (Hegel, dann Marx: Ziel ist die klassenlose Gesellschaft, alles, was dazu führt, ist gut).

Dies ist das Problem, mit dem zum Beispiel die französischen Sozialisten konfrontiert wurden. Sie haben Skrupel bekommen. Sie sahen nun Gewalt und Unterdrückung, wovon sie bis dahin lediglich eine ziemlich abstrakte Vorstellung gehabt hatten, am Werk. Und sie haben sich gefragt, ob sie selbst, wie es ihre Philosophie erfordert, sich damit abfinden würden, Gewalt auszuüben, auch wenn es nur vorübergehend und für ein immerhin anderes Ziel wäre. Kürzlich schrieb ein Autor in einem Vorwort zu Saint-Just, als er von Menschen sprach, die solche Skrupel hatten, mit dem ganzen Nachdruck der Verachtung: »Sie sind vor der Greueltat zurückgeschreckt.« Nichts ist wahrer als das. Und sie haben dadurch das Verdienst, sich der Geringschätzung von Personen auszusetzen, die so stark und überlegen sind, daß sie, ohne mit der Wimper zu zucken, mit der Greueltat leben. Aber gleichzeitig ließen sie jenen angstvollen Appell ertönen, der ausging von Mittelmäßigen wie uns, deren Zahl in die Millionen geht, die den eigentlichen Gegenstand der Geschichte bilden und mit denen man eines Tages trotz aller Geringschätzung wird rechnen müssen.

Was uns hingegen wichtiger scheint, ist, daß wir den Widerspruch und die Verwirrung zu begreifen versuchen, in die sich unsere Sozialisten verstrickt haben. Von dieser Warte aus gesehen, hat man offensichtlich nicht genügend über die Gewissensnot des französischen Sozialismus nachgedacht, so wie sie kürzlich an einem Kongreß zum Ausdruck kam. Es ist ganz klar, daß bei unseren Sozialisten unter dem Einfluß von Léon Blum, und mehr noch unter dem Druck der Ereignisse, die moralischen Probleme im Vordergrund stehen (der Zweck heiligt nicht alle Mittel), auf die sie bisher nicht besonders hingewiesen haben. Es war ihr legitimer Wunsch, sich auf einige Grundsätze zu berufen, die dem Mord überlegen sind. Es ist nicht weniger klar, daß ebendiese Sozialisten die marxistische Doktrin beibehalten wollen; die einen, weil sie glauben, man könne nicht Revolutionär sein, ohne Marxist zu sein; die andern aus einer achtbaren Treue zur Geschichte der Partei, die sie überzeugt hat, daß man auch nicht Sozialist sein kann, ohne Marxist zu sein. Der letzte Kongreß der Partei hat diese beiden Tendenzen zur Geltung gebracht, und die Hauptaufgabe dieses Kongresses bestand darin, sie miteinander in Vereinbarung zu bringen. Aber man kann etwas, das unvereinbar ist, nicht miteinander vereinbaren.

Denn es ist klar, wenn der Marxismus wahr ist und wenn es eine historische Logik gibt, so ist der politische Realismus legitim. Es ist ebenfalls klar, wenn die von der sozialistischen Partei propagierten Werte rechtlich begründet sind, so ist der Marxismus völlig unwahr, da er behauptet, absolut wahr zu sein. So gesehen ist die berühmte Weiterentwicklung des Marxismus in idealistischer und humanitärer Richtung nichts weiter als ein Scherz und ein belangloser Traum. Marx kann nicht weiterentwickelt werden, denn er ist bis zu den Grenzen der Konsequenz gegangen. Die Kommunisten haben gute Vernunftgründe, Lüge und Gewalt zu gebrauchen, während die Sozialisten nichts davon wissen wollen, und sie haben Grund dazu gerade wegen der Grundsätze und wegen der unwiderlegbaren Dialektik, welche die Sozialisten immerhin beibehalten wollen. Man brauchte sich also nicht zu wundern, als der Sozialistenkongreß mit einer simplen Gegenüberstellung von zwei widersprüchlichen Standpunkten zu Ende ging, deren Sterilität die letzten Wahlen bestätigten.

So gesehen besteht die Verwirrung weiter. Es mußte eine Wahl getroffen werden, und die Sozialisten wollten oder konnten diese Wahl nicht treffen.

Ich habe dieses Beispiel nicht gewählt, um mit dem Sozialismus abzurechnen, sondern um die Paradoxa, in denen wir leben, zu beleuchten. Um mit den Sozialisten abzurechnen, müßte man ihnen überlegen sein. Das ist noch nicht der Fall. Ganz im Gegenteil, mir scheint, dieser Widerspruch sei allen Menschen gemeinsam, von denen ich gesprochen habe, Menschen, die eine glückliche und zugleich würdige Gesellschaft herbeisehnen, die möchten, daß die Menschheit frei sei unter endlich gerechten Bedingungen, die aber zögern zwischen einer Freiheit, bei der sie wohl wissen, daß die Gerechtigkeit schließlich mißbraucht wird, und einer Gerechtigkeit, bei der sie wohl sehen, daß die Freiheit von Anfang an unterdrückt wird. Diese unerträgliche Qual wird im allgemeinen von jenen lächerlich gemacht, die wissen, was man glauben muß oder was man tun muß. Aber ich bin der Meinung, man sollte diese Qual, anstatt sie zu verspotten, durchdenken und erklären, man sollte erkennen, was sie bedeutet, ihre fast totale Mißbilligung der Gesellschaft, von der sie herausgefordert wird, an den Tag bringen und die schwache Hoffnung, die ihr Kraft gibt, aufzeigen.

Und die Hoffnung ist gerade in diesem Widerspruch enthalten, weil sie die Sozialisten zu einer Wahl zwingt oder zwingen wird. Entweder werden sie zugeben, daß der Zweck die Mittel heiligt, daß also der Mord legitimierbar ist, oder sie werden auf den Marxismus als absolute Philosophie verzichten und sich damit begnügen, dessen oft noch gültigen kritischen Aspekt anzuerkennen. Wenn sie sich für die erste Formel dieser Alternative entscheiden, so ist die Gewissensnot beendigt, und die Verhältnisse sind geklärt. Wenn sie die zweite akzeptieren, so beweisen sie damit, daß unsere Zeit das Ende der Ideologien andeutet, das heißt der absoluten Ideologien, die sich in der Geschichte selbst zerstören durch den Preis, den sie schließlich kosten.

Man wird dann eine andere, bescheidenere und weniger ruinöse Utopie wählen müssen. So zwingt zumindest die Weigerung, den Mord zu legitimieren, dazu, die Frage zu stellen.

Ja, die Frage muß gestellt werden, und ich glaube, niemand wird es wagen, sie leichtsinnig zu beantworten.

Die getarnte Revolution

Seit August 1944 spricht bei uns alles von der Revolution; und immer aufrichtig, darüber besteht kein Zweifel. Aber Aufrichtigkeit ist an sich keine Tugend. Es gibt so verworrene Aufrichtigkeiten, daß sie schlimmer sind als Lügen. Es geht uns heute nicht darum, die Sprache des Herzens zu sprechen, sondern nur darum, klar zu überlegen. Im Idealfall ist die Revolution eine Veränderung der politischen und wirtschaftlichen Systeme, um auf der Welt mehr Freiheit und mehr Gerechtigkeit herrschen zu lassen. In der Praxis ist es das oft unglückliche Zusammenspiel der historischen Ereignisse, das diese glückliche Veränderung herbeiführt.

Kann man heute sagen, daß dieses Wort im klassischen Sinn angewandt wird? Wenn die Leute bei uns von Revolution sprechen, und angenommen, sie lassen sich dann nicht aus der Ruhe bringen, so denken sie an eine Veränderung der Eigentumsverhältnisse (im allgemeinen an die Zusammenlegung der Produktionsmittel), die entweder aufgrund einer Gesetzgebung nach dem Majoritätsprinzip oder bei der Machtübernahme durch eine Minorität erreicht wird.

Es ist leicht einzusehen, daß dieser Begriffskomplex in den gegenwärtigen geschichtlichen Verhältnissen keinerlei Sinn mehr hat. Einerseits ist die Machtergreifung durch Gewalt eine romantische Idee, die angesichts des Rüstungsfortschritts illusorisch geworden ist. Das repressive System einer Regierung besitzt die ganze Stärke der Tanks und der Flugzeuge. Man würde also Tanks und Flugzeuge brauchen, allein um diese Stärke auszugleichen. 1789 und 1917 sind noch Daten, aber keine Vorbilder mehr.

Angenommen, eine solche Machtergreifung sei indessen möglich, sie erfolge in jedem Fall durch die Waffe oder durch das Gesetz, so wäre sie nur dann wirksam, wenn man Frankreich (oder Italien oder die Tschechoslowakei) absondern und gegenüber der Welt isolieren könnte. Denn in unserer historischen Gegenwart, im Jahr 1946, hätte z. B. eine Veränderung der Eigentumsverhältnisse derartige Auswirkungen auf die amerikanischen Kredite, daß unsere Wirtschaft dadurch tödlich bedroht wäre. Eine Revolution der Rechten wäre auch nicht aussichtsreicher wegen der ebenso großen Belastung, die Rußland mit seinen Millionen von kommunistischen Wählern und angesichts seiner Stellung als größte Macht des Kontinents für uns darstellt. Die Wahrheit, für deren klare Niederschrift ich mich entschuldige, obwohl sie jedermann kennt, ohne sie auszusprechen, die Wahrheit ist, daß wir als Franzosen nicht die Freiheit haben, revolutionär zu sein. Oder wir können zumindest nicht mehr revolutionäre Einzelgänger sein, da es heute in der Welt keine konservative oder sozialistische Politik mehr gibt, die sich ausschließlich auf nationaler Ebene entfalten könnte.

So können wir nur von internationaler Revolution sprechen. Genau gesagt, die Revolution wird entweder auf internationaler Ebene stattfinden, oder sie wird nicht stattfinden. Aber was bedeutet dieser Ausdruck heute noch? Es gab eine Zeit, da man glaubte, die internationale Reform würde durch die Verbindung bzw. Synchronisierung mehrerer nationaler Revolutionen stattfinden; gewissermaßen durch eine Vereinigung von Wundern. Wenn unsere vorhergehende Analyse richtig ist, kann man heute nur noch an die Ausdehnung einer Revolution denken, die bereits gelungen ist. Dies ist etwas, das Stalin sehr deutlich erkannt hat, und es ist die wohlwollendste Erklärung, die man für seine Politik finden kann (die andere ist die, daß er Rußland das Recht verweigerte, im Namen der Revolution zu sprechen).

Das läuft darauf hinaus, daß man Europa und den Westen als eine einzige Nation betrachtet, wo eine starke, gut bewaffnete Minderheit siegen und kämpfen könnte, um schließlich die Macht zu ergreifen. Da aber die konservativen Kräfte (in diesem Fall die Vereinigten Staaten) ebenfalls gut bewaffnet sind, ist ohne weiteres einzusehen, daß der Begriff der Revolution heute durch den Begriff des ideologischen Kriegs ersetzt wird.

Genauer ausgedrückt, die internationale Revolution ist heute ohne ein extremes Kriegsrisiko nicht möglich. Jede Revolution der Zukunft wird eine Fremdrevolution sein. Sie wird mit einer militärischen Besetzung oder, was auf dasselbe herauskommt, mit einer entsprechenden Erpressung beginnen. Sie wird erst von dem Moment an einen Sinn haben, da der Besetzer die restliche Welt endgültig besiegt hat.

Innerhalb der Nationen kommen die Revolutionen bereits sehr teuer zu stehen. Aber angesichts des Fortschritts, den sie herbeiführen sollen, nimmt man die Notwendigkeit dieser Vergeudung im allgemeinen in Kauf. Heute muß der Preis, den die Menschheit für einen Krieg zu bezahlen hätte, objektiv gegen den Fortschritt abgewogen werden, der von einer weltweiten Machtergreifung durch Rußland oder Amerika zu erhoffen ist. Und ich glaube, es ist von entscheidender Bedeutung, daß man es gegeneinander abwägt und daß man sich für einmal mit etwas Fantasie vorstellt, wie ein Planet, auf dem sich immer noch etwa dreißig Millionen Leichname in Kühllagern befinden, nach einer Katastrophe aussehen würde, die uns zehnmal teurer zu stehen käme.

Ich mache darauf aufmerksam, daß diese Art der Argumentation strenggenommen objektiv ist. Sie operiert lediglich mit der Beurteilung der Realität, ohne für den Moment ideologische oder gefühlsmäßige Betrachtungen anzustellen. Sie müßte jedenfalls jene zum Nachdenken bringen, die leichtsinnig von Revolution reden. Das, was dieses Wort *heute* beinhaltet, muß gesamthaft anerkannt oder gesamthaft abgelehnt werden. Wenn man es anerkennt, muß man sich dafür verantwortlich fühlen, daß man den kommenden Krieg bewußt akzeptiert. Wenn man es ablehnt, muß man sich entweder als Befürworter des Status quo erklären, was insofern der totalen Utopie gleichkommt, als sie die Stillegung der Geschichte voraussetzt, oder man muß den Gehalt des Wortes Revolution neu begreifen, was ein Einverständnis mit dem bedeutet, was ich als die relative Utopie bezeichnen würde.

Nachdem ich über diese Frage ein wenig nachgedacht habe, scheint es mir, daß die Menschen, die heute die Welt wirksam verändern möchten, die Wahl haben zwischen den vorauszusehenden Leichenfeldern, dem unmöglichen Traum einer plötzlich stillstehenden Geschichte und der Anerkennung einer relativen Utopie, die der Tat und den Menschen zugleich eine Chance einräumt. Es ist indessen nicht schwer einzusehen, daß diese relative Utopie die einzig mögliche und auch die einzige ist, die von Wirklichkeitssinn geprägt ist. Wie diese geringe Chance aussieht, die uns vor den Leichenfeldern retten könnte, werden wir im nächsten Artikel untersuchen.

Internationale Demokratie und Diktatur

Wir wissen heute, daß es keine Inseln mehr gibt, daß die Grenzen sinnlos sind. Wir wissen, daß wir in einer Welt der konstanten Beschleunigung, in der sich der Atlantik in weniger als einem Tag überqueren läßt, in der Moskau innert einiger Stunden mit Washington spricht, je nachdem zur Mitschuld oder zur Solidarität gezwungen werden. Was wir in den 40er Jahren gelernt haben, ist, daß die Beschimpfung eines Studenten in Prag gleichzeitig den Arbeiter in Clichy traf, daß das irgendwo an den Ufern eines mitteleuropäischen Flusses vergossene Blut dazu führte, daß ein Bauer aus Texas das seinige auf dem Boden jener Ardennen verlor, die er erstmals sah. Es gab und gibt auf dieser Welt kein einziges gesondertes Leiden, keine einzige Folter mehr, die sich nicht auf unseren Alltag auswirkte.

Viele Amerikaner möchten in ihrer Gesellschaft eingeschlossen weiterleben, die sie gut finden. Viele Russen möchten wohl das Experiment des Staatssozialismus abseits von der kapitalistischen Welt weiterführen. Sie können es nicht und werden es nie mehr tun können. Ebenso läßt sich heute auch kein einziges wirtschaftliches Problem, so nebensächlich es auch scheinen mag, außerhalb der Solidarität zwischen den Nationen lösen. Das Brot Europas ist in Buenos Aires, und die Werkzeugmaschinen von Sibirien werden in Detroit hergestellt. Heute ist die Tragödie kollektiv.

Wir wissen also alle ohne den Schatten eines Zweifels, daß die neue Ordnung, die wir suchen, keine ausschließlich nationale, nicht einmal eine kontinentale und vor allem keine westliche oder östliche Ordnung sein kann. Es muß eine universale Ordnung sein. Es ist nicht mehr möglich, auf Teillösungen oder auf Zugeständnisse zu hoffen. Der Kompromiß ist das, was wir erleben, das heißt die Todesangst für heute und der Mord für morgen. Und während dieser Zeit beschleunigt sich die Geschwindigkeit der geschichtlichen und der gesellschaftlichen Entwicklung. Die einundzwanzig Hörgeschädigten, die künftigen Kriegsverbrecher, die heute über den Frieden diskutieren, halten ihre monotonen Zwiegespräche, ruhig in der Mitte eines Schnellzugs sitzend, der mit tausend Stundenkilometern mit ihnen dem Abgrund entgegenfährt. Ja, diese universale Ordnung ist das einzige Problem des Augenblicks, das alle Verfassungs- und Wahlrechtsstreitigkeiten überragt. Diese Ordnung verlangt von uns, daß wir die Mittel unserer Intelligenz und unseres Willens für sie einsetzen.

Welches sind heute die Möglichkeiten, um diese Einheit der Welt zu erreichen, diese internationale Revolution zu verwirklichen, in der die menschlichen Arbeitskräfte, die Rohstoffe, die Handelsplätze und die geistigen Reichtümer eine bessere Verteilung erfahren werden? Ich sehe nur zwei, und diese beiden Möglichkeiten bestimmen unsere allerletzte Alternative. Unsere Welt kann, wie ich gestern gesagt habe, von oben durch einen einzigen Staat, der mächtiger ist als die andern, vereinigt werden. Rußland oder Amerika können diese Rolle beanspruchen. Auf die von gewissen Leuten verfochtene Idee, daß Rußland bzw. Amerika die Mittel habe, unsere Welt nach dem Bild ihrer Gesellschaft zu regieren und zu vereinigen, habe ich und haben die Menschen, die ich kenne, keine Entgegnung. Sie widerstrebt mir als Franzosen und mehr noch als Mediterraner. Aber ich werde diesem gefühlsmäßigen Argument keineswegs Rechnung tragen.

Unser einziger Einwand, hier ist er, so wie ich ihn in einem der letzten Artikel erläutert habe: Diese Vereinigung kann nicht ohne Krieg oder zumindest nicht ohne eine extreme Kriegsgefahr erfolgen. Ich räume sogar ein, daß der Krieg, was ich zwar nicht glaube, ein Krieg ohne Atomwaffen sein kann. Aber trotzdem würde der Krieg von morgen die Menschheit derart verstümmelt und derart verelendet zurücklassen, daß nur schon die Vorstellung einer Ordnung eindeutig ein Anachronismus wäre. Marx konnte den Krieg von 1870 rechtfertigen, so wie er es getan hat, denn es war ein Krieg mit dem Chassepotgewehr (franz. Infanteriegewehr, Hinterlader), und er war lokal begrenzt. Nach der marxistischen Anschauung sind hunderttausend Tote in der Tat nichts im Vergleich zum Glück von Hunderten von Millionen Menschen. Aber der Tod von Hunderten von Millionen Menschen für das angebliche Glück jener, die übrigbleiben, ist ein zu hoher Preis. Die schwindelerregende Entwicklung der Waffensysteme, eine historische Tatsache, von der Marx nichts wußte, erfordert, daß das Problem des Zwecks und der Mittel auf neue Art dargestellt wird.

Und das Mittel würde hier den Zweck zerstören. Welches auch immer der angestrebte Zweck sei, wie vornehm und wie notwendig er auch sei, wolle er nun das Glück der Menschen besiegeln oder nicht, wolle er nun die Gerechtigkeit oder die Freiheit errichten, das dafür eingesetzte Mittel stellt eine so eindeutige Gefahr dar, deren Ausmaß im Verhältnis zu den Erfolgsaussichten so groß ist, daß wir uns objektiv weigern, uns auf diese Gefahr einzulassen. Man muß also auf das zweite Mittel zurückgreifen, das geeignet ist, die universale Ordnung zu garantieren, das heißt auf das gegenseitige Übereinkommen zwischen allen Parteien. Wir werden uns nicht fragen, ob es möglich ist, da wir es hier eben als das einzig Mögliche erachten. Wir werden uns zunächst fragen, *was* es ist.

Dieses Übereinkommen zwischen den Parteien hat einen Namen, jenen der internationalen Demokratie. Selbstverständlich redet in der UNO alles davon. Aber was ist die internationale Demokratie? Es ist eine Demokratie, die international ist. Man möge mir hier diese Binsenwahrheit verzeihen, denn die evidentesten sind zugleich die verborgensten Wahrheiten.

Was ist die nationale oder die internationale Demokratie? Es ist eine Gesellschaftsform, in der das Gesetz über den Herrschenden steht, da dieses Gesetz den Willen aller ausdrückt, der durch ein gesetzgebendes Organ vertreten wird. Ist es das, was man heute zu errichten versucht? Man arbeitet in der Tat ein internationales Gesetz für uns aus. Aber dieses Gesetz wird durch Regierungen, das heißt durch die ausführende Gewalt, geschaffen oder abgeschafft. Wir leben also in einem System der internationalen Diktatur. Der einzige Weg, davon loszukommen, ist der, das internationale Gesetz den Regierungen überzuordnen, das heißt ein solches Gesetz zu schaffen, das heißt über ein Parlament zu verfügen, das heißt dieses Parlament durch weltweite Wahlen zu bilden, an denen sich alle Völker beteiligen werden. Und da wir dieses Parlament nicht haben, besteht das einzige Mittel darin, dieser internationalen Diktatur auf internationaler Ebene und mit Hilfe der Mittel, die den verfolgten Zweck nicht durchkreuzen, Widerstand zu leisten.

Die Welt verändert sich rasch

Es leuchtet allen ein, daß das politische Bewußtsein immer mehr von den Ereignissen überholt wird. Die Franzosen haben zum Beispiel den Krieg von 1914 mit den Mitteln des Krieges von 1870 und den Krieg von 1939 mit den Mitteln von 1918 begonnen.

Aber das anachronistische Denken ist ohnehin keine französische Spezialität. Man braucht hier nur darauf hinzuweisen, daß die großen politischen Lehren von heute praktisch den Anspruch stellen, die Zukunft der Welt mit Hilfe von Grundsätzen zu regeln, die, was den kapitalistischen Liberalismus anbelangt, im 18. Jahrhundert, was den sogenannten wissenschaftlichen Sozialismus betrifft, im 19. Jahrhundert aufgestellt wurden. Im ersten Fall soll eine in den ersten Jahren des modernen Industrialismus geborene Denkart, im zweiten eine Doktrin aus der Zeit der darwinistischen Evolutionslehre und des renanistischen Optimismus mit der Epoche der Atombombe, der plötzlichen Umwälzungen und des Nihilismus auf einen Nenner gebracht werden. Nichts könnte den immer fataleren Graben, der sich zwischen dem politischen Bewußtsein und der historischen Realität auftut, besser veranschaulichen.

Natürlich ist der Verstand gegenüber der Gesellschaft immer im Verzug. Die Geschichte rennt davon, während der Verstand meditiert. Aber dieser unvermeidliche Verzug nimmt heute im Verhältnis zur historischen Beschleunigung noch zu. Die Welt hat sich in den letzten fünfzig Jahren viel stärker gewandelt, als dies zuvor im Verlauf von zweihundert Jahren der Fall gewesen ist. Und man erlebt, wie die Welt sich heute darauf versteift, Grenzstreitigkeiten zu regeln, obwohl doch alle Völker wissen, daß die Grenzen heute etwas Abstraktes sind. Auch an der Konferenz der Einundzwanzig tat man so, als herrsche das Nationalitätenprinzip.

Wir müssen dies in unserer Analyse der historischen Realität berücksichtigen. Wir konzentrieren heute unsere Überlegungen auf das deutsche Problem, das im Vergleich zum Zusammenprall von Weltreichen, der uns bedroht, ein zweitrangiges Problem ist.

Aber wenn wir morgen im Zusammenhang mit dem russisch-amerikanischen Problem internationale Lösungen erarbeiten würden, liefen wir Gefahr, uns wiederum überholen zu lassen. Der Zusammenprall der Weltreiche ist bereits im Begriff, von zweitrangiger Bedeutung zu werden gegenüber dem Zusammenprall der Zivilisationen. In der Tat erheben die kolonialisierten Zivilisationen von allen Seiten ihre Stimme. In zehn Jahren, in fünfzig Jahren wird wieder die Überlegenheit der westlichen Zivilisation in Frage gestellt werden. Man kann sich also ebensogut sogleich damit befassen und diesen Zivilisationen das Weltparlament zugänglich machen, damit dessen Gesetz und die Ordnung, die es begründet, wirklich universal werden.

Die Probleme, die das Vetorecht heute aufwirft, sind verfälscht, da die Mehrheiten bzw. die Minderheiten, die sich der UNO widersetzen, unecht sind. Die UDSSR ist so lange berechtigt, das Majoritätsprinzip abzulehnen, als die betreffende Majorität aus Ministern und nicht aus Völkern besteht, die durch ihre Abgeordneten vertreten werden, und solange eben nicht alle Völker in der UNO vertreten sind. An dem Tag, da diese Majorität einen Sinn bekommt, wird sich ihr jedermann unterordnen oder das entsprechende Prinzip ablehnen, das heißt seinen Herrschaftsanspruch offen bekanntgeben müssen.

Wenn wir diese beschleunigte Entwicklung der Gesellschaft ständig im Auge behalten, besteht ebenfalls Aussicht, daß wir für das heutige Wirtschaftsproblem die richtige Anschauungsweise finden. Man betrachtete 1930 das Problem des Sozialismus nicht mehr so, wie man es 1848 getan hatte. An die Stelle der Abschaffung des Eigentums war das System der Zusammenlegung der Produktionsmittel getreten. Und dieses System regelte in der Tat nicht nur die Eigentumsverhältnisse, sondern trug auch der Tatsache Rechnung, daß die wirtschaftlichen Schwierigkeiten ein größeres Ausmaß angenommen hatten. Aber seit 1930 hat sich dieses Ausmaß noch verstärkt. Und so wie die politische Lösung entweder auf internationaler Ebene oder überhaupt nicht erfolgen wird, so muß sich auch die wirtschaftliche Lösung *zuerst* auf die internationalen Produktionsmittel – das Öl, die Kohle und das Uran – beziehen. Wenn eine Kollektivierung stattfinden muß, so muß sie die für alle unverzichtbaren Bodenschätze einbeziehen, die eben niemandem gehören dürfen. Das übrige hängt vom Wahlgespräch ab.

Diese Ansichten sind in den Augen gewisser Leute utopisch, aber für alle jene, die sich weigern, die Aussicht auf einen Krieg zu akzeptieren, ist es ratsam, diesen Grundsatzkomplex zu bejahen und absolut rückhaltlos zu verteidigen. Was die Suche nach Mitteln und Wegen anbelangt, die uns einem solchen Konzept näherbringen können, so sind sie nicht vorstellbar ohne das Zusammengehen der früheren Sozialisten und der heutigen Menschen, die vereinzelt auf der ganzen Welt leben.

Es ist auf jeden Fall möglich, ein weiteres Mal und abschließend auf den Vorwurf der Utopie zu reagieren. Denn für uns ist die Sache einfach: Es geht um die Utopie oder um den Krieg, wie ihn die veralteten Denkschemata für uns vorbereiten. Die Welt hat heute die Wahl zwischen der anachronistischen politischen Denkweise und der utopischen Denkweise. Die anachronistische Denkweise steht im Begriff, uns zu töten. So mißtrauisch wir auch sein mögen (und ich es auch sein mag), der Wirklichkeitssinn zwingt uns also, auf diese relative Utopie zurückzugreifen. Wenn sie wie viele andere Utopien derselben Art in die Geschichte eingegangen sein wird, werden sich die

Menschen keine andere Wirklichkeit mehr vorstellen können. So sehr stimmt es, daß die Geschichte nichts weiter ist als der verzweifelte Versuch der Menschen, den weitblickendsten ihrer Träume Gestalt zu geben.

Ein neuer Gesellschaftsvertrag

Ich fasse mich kurz. Das Schicksal der Menschen aller Nationen läßt sich nicht regeln, solange das Problem des Friedens und der Weltordnung nicht geregelt ist. Es wird nirgends auf der Welt eine erfolgreiche Revolution geben, solange diese eine Revolution nicht stattgefunden hat. Alles, was man heute in Frankreich sonst noch sagt, ist belanglos oder berechnend. Ich gehe sogar noch weiter. Nicht nur werden sich die Eigentumsverhältnisse an keinem Punkt der Erde dauerhaft wandeln, sondern auch die einfachsten Probleme, wie das tägliche Brot, der große Hunger, unter dem sich die Bäuche Europas winden, die Kohle, werden keine Lösung finden, solange der Friede nicht hergestellt ist.

Jede Empfindung, die ehrlich zugibt, Lüge und Mord nicht rechtfertigen zu können, gelangt zu diesem Schluß, sofern ihr nur im geringsten etwas an der Wahrheit liegt. Sie braucht sich also nur noch unbesorgt nach dieser Schlußfolgerung zu richten.

Damit gibt man zu: 1. daß die Innenpolitik, in ihrer Abgeschlossenheit betrachtet, eine eigentlich nebensächliche und übrigens unvorstellbare Angelegenheit ist; 2. daß das einzige Problem die Schaffung einer internationalen Regelung ist, die endlich jene dauerhaften Strukturreformen mit sich bringen wird, durch die sich die Revolution definieren läßt; 3. daß es innerhalb der Nationen lediglich noch Verwaltungsprobleme gibt, die provisorisch so gut wie möglich zu regeln sind, bis eine wirksamere, weil allgemeinere politische Regelung erfolgt.

So wird die Feststellung nötig sein, daß sich die französische Verfassung nur aufgrund ihrer Brauchbarkeit für eine internationale Ordnung beurteilen läßt, die auf der Gerechtigkeit und auf dem Dialog begründet ist. Unter diesem Aspekt ist die Nichtbeachtung der elementarsten menschlichen Freiheiten durch unsere Verfassung verwerflich. Man wird zugeben müssen, daß eine provisorische Regelung der Lebensmittelversorgung zehnmal wichtiger ist als die Frage der Verstaatlichungen oder der Wahlstatistiken. Die verstaatlichten Betriebe werden in einem einzelnen Land nicht lebensfähig sein. Und wenn sich die Lebensmittelversorgung auch nicht ausschließlich auf nationaler Ebene regeln läßt, so ist sie zumindest dringender, und sie zwingt zu Hilfsmaßnahmen, selbst wenn diese nur provisorischer Natur sind.

Ja, wir müssen die Innenpolitik ihrer Bedeutsamkeit entkleiden. Man heilt die Pest nicht mit den Mitteln, die man gegen den Schnupfen anwendet. Eine Krise, welche die ganze Welt zerrüttet, muß auf universaler Ebene gelöst werden. Eine Regelung für alle, damit für jeden die Last des Elends und der Angst kleiner wird, das ist heute unser logisches Ziel. Aber das erfordert Taten und Opfer, das heißt Menschen. Und wenn es heute auch viele Menschen gibt, die im geheimsten Winkel ihres Herzens Gewalt und Blutvergießen verwünschen, so gibt es doch nicht viele, die bereit sind zu erkennen, daß sie dies zu einer Überprüfung ihrer Denk- und Handlungsweise zwingt. Jene hingegen, die gewillt sind, einen solchen Versuch zu machen, werden dabei recht gute Aussichten und eine Richtlinie für ihre Handlungsweise entdecken.

Sie werden erkennen, daß sie von den gegenwärtigen Regierungen nicht viel zu erwarten haben, da diese nach den Grundsätzen des Mordes leben und handeln. Die einzige Hoffnung beruht auf der schwersten aller Arbeiten, nämlich jener, mit den Dingen wieder ganz von vorn anzufangen, um innerhalb einer zum Tode verurteilten Gesellschaft eine lebendige Gesellschaft neu aufzubauen. Die Menschen müssen also einer nach dem andern innerhalb der Landesgrenzen und über sie hinaus unter sich einen neuen Gesellschaftsvertrag abschließen, der sie durch vernünftige Grundsätze miteinander verbindet.

Die Friedensbewegung, von der ich gesprochen habe, sollte sich innerhalb der Nationen mit Arbeitsgemeinschaften und über die Grenzen hinweg mit Denkgemeinschaften verbinden können, wobei die ersteren aufgrund von Verträgen, die in freier Übereinkunft über die Art der Zusammenarbeit abgeschlossen würden, der größtmöglichen Zahl von Einzelpersonen beistehen und die letzteren sich bemühen müßten, die Werte festzulegen, auf denen diese internationale Regelung beruhen soll, um gleichzeitig bei jeder Gelegenheit dafür zu plädieren.

Genauer gesagt wäre es die Aufgabe der letztgenannten Gemeinschaften, den Irrtümern des Terrors leichtverständliche Worte gegenüberzustellen und gleichzeitig die für eine befriedete Welt unerläßlichen Werte festzulegen. Eine internationale Rechtsordnung, mit deren erstem Artikel die Todesstrafe allgemein abgeschafft würde, und eine Klarstellung der für jede auf dem Dialog begründete Zivilisation notwendigen Grundsätze könnten ihre ersten Ziele sein. Diese Arbeit entspräche den Bedürfnissen einer Epoche, die in keiner Philosophie Rechtfertigungen für die Sehnsucht nach Freundschaft findet, die heute die westlichen Gemüter entflammt. Es ist indessen ganz klar, daß es nicht darum ginge, eine neue Ideologie zu schaffen. Es ginge lediglich darum, nach einem Lebensstil zu suchen.

Das sind jedenfalls Themen zum Nachdenken, über die ich mich im Rahmen dieser Artikel nicht weiter auslassen kann. Um es indessen konkreter auszudrücken: Menschen, die beschließen würden, bei jeder Gelegenheit das gute Beispiel gegen die Macht, das Wort gegen das Herrschen, den Dialog gegen die Beschimpfung und die schlichte Aufrichtigkeit gegen die List auszuspielen; die auf alle Vorteile der heutigen Gesellschaft verzichten und nur die Aufgaben und Pflichten übernehmen würden, die sie mit den anderen Menschen verbinden; die sich bemühen würden, nach den Verhaltensgrundsätzen, von denen bisher die Rede war, vor allem im Unterricht zu wirken, dann die Presse und die öffentliche

Meinung zu orientieren, solche Menschen würden nicht im Sinne einer Utopie handeln, das ist absolut klar, sondern nach einem äußerst ehrlichen Realismus. Sie würden die Zukunft vorbereiten und brächten dadurch heute schon einige der Mauern, die uns bedrohen, zum Einstürzen. Wenn Realismus die Kunst ist, der Gegenwart und der Zukunft zugleich Rechnung zu tragen, soviel wie möglich zu erreichen und dafür sowenig wie möglich zu opfern, wer sieht da nicht ein, daß diesen Menschen die blendendste Wirklichkeit zuteil würde?

Diese Menschen werden sich erheben oder nicht erheben, was weiß ich. Es ist anzunehmen, daß die meisten von ihnen in diesem Augenblick nachdenken, und das ist gut. Aber es ist sicher, daß sich die Wirksamkeit ihres Handelns nicht von der Entschlossenheit trennen läßt, mit der sie im jetzigen Augenblick auf gewisse ihrer Träume verzichten, um sich nur auf das Wesentliche zu konzentrieren, nämlich auf die Rettung von Leben. Und an diesem Punkt muß ich wohl, bevor ich abschließe, die Stimme erheben.

Der Dialog zeichnet sich ab

Ja, ich sollte die Stimme erheben. Ich habe mich bis jetzt davor gehütet, an die Macht der Gefühle zu appellieren. Was uns heute erdrückt, ist eine historische Logik, die wir ganz und gar selbst geschaffen haben und deren Verwicklungen uns schließlich ersticken werden. Und das Gefühl kann die Verwicklungen einer vernunftwidrigen Logik nicht beseitigen, sondern nur eine Vernunft, die innerhalb der Grenzen, die sie sich selbst steckt, vernünftig bleibt. Aber ich möchte zum Schluß nicht den Eindruck hinterlassen, daß die Zukunft der Welt unsere Empörungs- und Liebesfähigkeit entbehren kann. Ich weiß sehr wohl, daß die Menschen gewaltige Motive brauchen, bis sie sich in Bewegung setzen, und daß es schwierig ist, sich selbst in Bewegung zu setzen für einen Kampf, dessen Ziele derart begrenzt sind und an dem die Hoffnung kaum maßgeblich beteiligt ist. Aber es geht nicht darum, Menschen mitzureißen. Wesentlich ist im Gegenteil, daß sie nicht mitgerissen werden und daß sie genau wissen, was sie tun.

Retten, was noch zu retten ist, um die Zukunft überhaupt möglich zu machen, das ist das gewaltige Motiv, der glühende Wunsch, das Opfer, das nötig ist. Das erfordert lediglich, daß man darüber nachdenkt und daß man klar entscheidet, ob man das Leid der Menschen für nach wie vor undurchschaubare Zwecke noch vermehren soll, ob man akzeptieren soll, daß die Welt sich hinter Waffen verbirgt und daß der Bruder erneut den Bruder tötet, oder ob man den Menschen im Gegenteil Blut und Schmerzen soweit als möglich ersparen soll, um weiteren Generationen, die besser bewaffnet sein werden als wir, wenigstens eine Chance zu geben.

Ich meinerseits glaube, daß ich meine Wahl mit einiger Gewißheit getroffen habe. Und nachdem ich diese Wahl getroffen hatte, schien es mir, daß ich sprechen mußte, sagen mußte, daß ich nie mehr zu jenen, wer sie auch seien, gehören würde, die sich mit dem Mord abfinden, und daß ich die Konsequenzen daraus ziehen mußte. Das ist geschehen, und ich werde deshalb heute zum Schluß kommen. Aber vorher möchte ich, daß man genau merkt, in welchem Sinn und Geist ich bisher gesprochen habe.

Man verlangt von uns, dieses oder jenes Land, dieses oder jenes Volk zu lieben oder zu hassen. Aber einige von uns empfinden zu sehr ihre Ähnlichkeit mit allen Menschen, um eine solche Alternative zu akzeptieren. Die richtige Art, das russische Volk zu lieben in Anerkennung dessen, was es zu sein nie aufgehört hat, nämlich, wie Tolstoi und Gorki sagten, die Hefe der Welt, ist nicht, ihm die Abenteuer der Macht zu wünschen, sondern ihm, nachdem es so viele Heimsuchungen erlitten hat, einen weiteren schrecklichen Aderlaß zu ersparen. Dasselbe gilt für das amerikanische Volk und das glücklose Europa. Es ist diese Sorte von elementaren Wahrheiten, die man angesichts der heute tobenden Leidenschaften vergißt.

Ja, was man heute bekämpfen muß, ist die Angst und das Schweigen und damit die Entzweiung der Gemüter und der Herzen, die sie zur Folge haben. Was man verteidigen muß, ist der Dialog und die weltweite Kommunikation zwischen den Menschen. Abhängigkeit, Ungerechtigkeit und Lüge sind die Geißeln, welche diese Kommunikation unterbrechen und diesen Dialog verstummen lassen. Deshalb müssen wir sie ablehnen. Aber diese Geißeln bilden heute den eigentlichen Gegenstand der Geschichte, und mithin betrachten viele Menschen sie als notwendige Übel. Es stimmt zudem, daß wir der Geschichte nicht entkommen können, da wir bis zum Hals darin stecken. Aber man kann danach streben, in der Geschichte zu kämpfen, um jene Seite des Menschen zu bewahren, die ihr nicht angehört. Das ist alles, was ich sagen wollte. Und für alle Fälle möchte ich diese Haltung und den Sinn und Geist dieser Artikel noch besser erläutern mit einem Argument, über das man, bevor ich abschließe, gründlich nachdenken möge.

Ein großes Experiment setzt heute alle Nationen der Welt nach den Gesetzen der Macht und des Herrschens in Bewegung. Ich meine weder, daß man dieses Experiment verhindern, noch daß man dessen

Weiterführung hinnehmen soll. Es braucht unsere Unterstützung nicht, und vorläufig macht es sich nichts daraus, wenn wir uns ihm widersetzen. Das Experiment wird also weitergehen. Ich möchte lediglich folgende Frage stellen: »Was wird geschehen, wenn das Experiment mißlingt, wenn sich die Logik der Geschichte, auf die sich so viele Gemüter immerhin verlassen, als falsch erweist?« Was wird geschehen, wenn – trotz zwei oder drei Kriegen, trotz der Opferung mehrerer Generationen und einiger Werte – unsere Enkel, angenommen, sie existieren dann noch, der universalen Gesellschaft nicht näherkommen? Es wird geschehen, daß die Überlebenden dieses Experiments nicht einmal mehr die Kraft haben werden, Zeugen ihrer eigenen Agonie zu sein. Da also das Experiment weitergeht und da es unvermeidlich ist, daß es noch weitergehen wird, ist es nicht schlecht, daß Menschen sich die Aufgabe stellen, im Verlauf der apokalyptischen Geschichte, die auf uns wartet, das schlichte Denken zu bewahren, das, ohne für alles eine Lösung finden zu wollen, doch immer bereit sein wird, in diesem oder jenem Augenblick dem Alltag einen Sinn zu verleihen. Wesentlich ist, daß die Menschen einmal für immer und genau abwägen, was für einen Preis sie bezahlen müssen.

Ich kann jetzt zum Schluß kommen. Alles, was mir in diesem Moment wünschenswert erscheint, ist, daß man inmitten einer Welt des Mordens beschließt, über das Morden nachzudenken und seine Wahl zu treffen. Wenn das möglich wäre, dann zerfielen wir in zwei Gruppen, in jene, die sich im Notfall damit abfinden, Mörder zu sein, und in jene, die sich aus Leibeskräften dagegen wehren. Da diese schreckliche Spaltung vorliegt, wird es zumindest ein Fortschritt sein, sie deutlich zu machen. Über fünf Kontinente hinweg wird in den kommenden Jahren ein endloser Kampf zwischen der Gewalt und dem Wort stattfinden. Und es stimmt, daß die Gewalt tausendmal bessere Aussichten hat als das Wort. Aber ich war immer der Ansicht, wenn ein Mensch, der auf menschliche Verhältnisse hofft, ein Verrückter sei, so sei jener, der an den Ereignissen verzweifle, ein Feigling. Und von nun an wird es nur noch den Stolz geben, unbeirrbar jene großartige Wette mitzumachen, die schließlich darüber entscheiden wird, ob Worte stärker sind als Kugeln.

Heinz Robert Schlette

Albert Camus' Hoffnung

Als 1951 Camus' Buch ›L'homme révolté‹ erschien, kam es zwischen Jean-Paul Sartre und Camus zum offenen Bruch. Zwar wurden hierzulande in zahlreichen Veröffentlichungen Sartre und Camus als die Hauptvertreter des sogenannten französischen Existentialismus aufgeführt, aber eine Übereinstimmung zwischen ihnen bestand im Grunde niemals. Camus hatte sich gegen die Vorwürfe von Francis Jeanson, der ihm Verrat am Marxismus und somit Rückfall in die Bourgeoisie vorgeworfen hatte, leidenschaftlich verteidigt. Sartre griff daraufhin selbst in den Streit ein und schloß seine ›Antwort an Albert Camus‹ in seiner Zeitschrift ›Les Temps Modernes‹ in eisigem Ton:

Ich habe gesagt, was Sie mir einst bedeuteten und was Sie jetzt für mich sind. Wie immer Sie mir auch in Wort oder Tat entgegentreten wollen, ich lehne es ab, mit Ihnen zu kämpfen. Ich hoffe, unser Schweigen läßt diesen Streit in Vergessenheit geraten.

Diese 1952 ausgefochtene Kontroverse entbehrt, trotz aller persönlichen Schärfen, nicht einer besonderen intellektuellen und exemplarischen Bedeutung; sie enthält bereits die gesamte Problematik, die auch heute noch mit Camus und seinem Werk gegeben ist. Doch die Emotionen verzerrten die Perspektive und begründeten Vorurteile, die nach wie vor wirksam sind. Nicht zuletzt in Simone de Beauvoirs ›Les Mandarins‹ (1954) wird in der Gestalt des Henri Perron ein Bild von Camus skizziert, das nicht geeignet ist, die Objektivität der Auseinandersetzung zu fördern; Camus ist demnach der stets Empörte, Protestierende, im Grunde der von der harten Wirklichkeit nicht viel begreifende Naive, ja der Renegat, der den Existentialismus sowie die Sache der Arbeiterklasse zugunsten der bürgerlichen Werte preisgegeben und politisch die Partei der Amerikaner und nicht die der Russen ergriffen habe.

Es spricht für die Aufrichtigkeit Sartres, daß er nach dem tragischen Tod Camus' am 4. Januar 1960 im *France-Observateur* vom 7. Januar einen kurzen Nachruf geschrieben hat, in dem er bekennt, wie sehr er Camus trotz der Differenzen verbunden war. Sartre nennt Camus hier einen »Cartesianer des Absurden«, der sich »weigerte«, »den sicheren Boden des Moralischen zu verlassen und sich auf die ungewissen Pfade der *Praxis* zu begeben«. Und Sartre fährt fort:

> Wir ahnten es, ahnten auch die Konflikte, die er verschwieg; denn die Moral, für sich genommen, fordert die Revolte und verdammt sie zugleich.

Sartres Respekt vor Camus kommt vor allem in den Schlußworten seines Nachrufs zum Ausdruck:

Für alle, die ihn liebten, liegt in diesem Tod etwas unerträglich Absurdes. Aber wir werden lernen müssen, dieses verstümmelte Werk als ein Ganzes zu sehen. In demselben Maß, wie der Humanismus Camus' eine *menschliche* Haltung gegenüber dem Tod einschließt, der ihn nun eingeholt hat, in demselben Maß, wie seine stolze Suche nach dem Glück auch die *unmenschliche* Notwendigkeit des Sterbens enthielt und voraussetzte, werden wir in diesem Werk und in dem Leben, das unzertrennbar damit verbunden ist, den reinen, siegreichen Versuch eines Menschen erkennen, jeden Augenblick seines Lebens seinem künftigen Tod abzuringen.

Dieses Urteil Sartres, mit all seinen Implikationen, Zwischentönen und der Distanzierung, die gerade in der Anerkennung Camus' als eines Moralisten liegt, verdient bei einer Überlegung unter dem Thema »Camus heute« Beachtung. Es kann nicht zweifelhaft sein: Sartre nimmt Camus ernst. Bisweilen wird heute polemisch bemerkt, Camus stehe auf einem weit niedrigeren

Niveau als Sartre, er sei für Gymnasiasten eine treffliche Lektüre und für nichtmarxistische Demokraten der willkommene, integer-moralische Kronzeuge.

Wer die philosophischen Werke Sartres kennt – ›Das Sein und das Nichts‹ (1943), ›Die Kritik der dialektischen Vernunft‹ (1960), um nur die größten zu nennen –, wird nicht bestreiten, daß Sartre Camus an Strenge der philosophischen Reflexion eindeutig übertrifft. Aber Sartre selbst ließ sich durch diesen Befund nicht zum Übermut hinreißen, er bezeugt Camus seine Achtung, und zwar nicht nur »subjektiv«, sondern auch als Respekt vor der Position Camus', an der er allerdings ein mangelndes Verständnis der sogenannten »Praxis« kritisiert. Ich meine also, wir haben kein Recht, Camus unter Preis zu verkaufen, ihn als Schriftsteller oder gar als »bloßen Schriftsteller« einzuordnen, dessen Denken hinter seiner Poesie, seiner literarischen Begabung zurückbleibt, und ihn als Fundgrube für Zitate in wohlanständigen Zusammenhängen zu verschleißen. Man kann sich fragen, ob diejenigen, die es sich im Unterschied zu Sartre mit Camus derart leicht machen, den ›Mythos von Sisyphos‹ und den ›Menschen in der Revolte‹ wirklich durchgearbeitet und verstanden haben. Die Diskussion darüber, ob Camus Philosoph sei oder nicht doch Schriftsteller, verfehlt den Ernst der Probleme und hält sich an kleinliche, wenn auch traditionell-akademische Klischees. Auch Gabriel Marcel und Sartre traten bekanntlich mit Dramen hervor, schrieben Kritiken in Zeitungen und gaben politische Statements ab, und daß man bei Nietzsche nicht das Theoretische von dem Poetischen trennen darf, also das Philosophische als das Dichterische und das Dichterische als das Philosophische zu begreifen hat, wurde von Heidegger überzeugend dargelegt. Es gibt offenbar sehr verschiedene Modi von Philosophie; 1936 schrieb Camus den Satz auf: »Man denkt nur in Bildern. Wenn du Philosoph sein willst, schreib Romane.«

Daß Camus als Philosoph zu lesen und zu interpretieren ist, kann zudem bestätigt werden durch den Hinweis auf seine Studien der Philosophie an der Universität Algier von 1932–1936, vor allem bei seinem Lehrer Jean Grenier, dem er stets freundschaftlich verbunden blieb; durch die Erinnerung an seine Examensarbeit über Neuplatonismus und christliche Metaphysik, ein geradezu klassisches Thema für den Anfang eines Denkwegs; vor allem aber durch die Lektüre der beiden genannten Schriften sowie viele seiner Reden, Interviews, Vorworte, jedoch auch durch die Eigenart seines Engagements auch in seinen Novellen, Romanen, Dramen und erst recht in den kleinen, bisweilen lyrisch wirkenden Erzählungen, aber auch in den ›Carnets‹. Das

Philosophie-Verständnis Camus' kann, so scheint mir, sehr deutlich charakterisiert werden durch eine Eintragung aus dem Jahre 1937: »Die Philosophien sind so viel wert wie die Philosophen. Je größer der Mensch, desto wahrer seine Philosophie.« Diese Einsicht verdankt Camus den Philosophen, denen seine besonderen Sympathien gehörten: Sokrates, Plotin, Augustinus und von den neueren Pascal, Kierkegaard, Nietzsche.

Im Nachruf Sartres steht der folgende Satz, der für die Interpretation Camus' wesentlich ist: »Er hatte alles vollbracht – ein ganzes Werk –, und doch blieb, wie immer, alles zu tun.« Es gibt demnach eine Einheit, eine Kontinuität im Denken Camus'; sie soll hier nachgezeichnet werden. Es zeigt sich beim Studium seiner frühen Schriften und Notizen sowie seiner Examensschrift, daß von Anfang an bei Camus viel mehr zu finden ist als Philosophie des Absurden, daß der Gedanke der Absurdität keineswegs das Resultat der Kriegsstimmung darstellt, daß die Position des ›Sisyphos‹ und die des ›Homme révolté‹ in demselben Ansatz begründet sind. Damit soll nicht gesagt sein, es gäbe bei Camus ein »System«, oder aber eine »systematische« Interpretation aller seiner Äußerungen ohne Berücksichtigung ihres Ortes und ihrer Zeit sei möglich. Doch wenn es kein System gibt, heißt das noch nicht, daß es nicht die Einheit des Denkens gibt, die als rationale Verantwortung einer Erfahrung alles weitere trägt.

Die für Camus bestimmenden Begegnungen, Reisen, Studien und Lektüren fallen in die Jahre 1932 bis 1938. Er liest Platon, Epikur und die Stoiker, Pascal und Kierkegaard; im Zusammenhang mit seiner Examensarbeit das Neue Testament, Augustinus und andere Kirchenväter, gnostische Texte und vor allem Plotin; außerdem aber

Malraux, Gide, Proust, Dostojewskij sowie Sorel, Nietzsche und Spengler; die Essays seines philosophischen Lehrers Grenier üben auf Grund ihres poetischen und ironischen Stils und ihres ernsten, skeptischen Grundtons auf den jungen Camus einen großen Einfluß aus. Seine Reise durch Europa 1937, besonders der Aufenthalt in Italien, tragen erheblich zur Ausfaltung seiner Überzeugungen bei; dafür sind die Tagebuchnotizen ein wichtiger Beleg. Camus' Interesse gilt aber stets auch dem Theater – 1936 schreibt er mit drei Freunden das Stück ›Révolte dans les Asturies‹ –, er verfolgt die politischen Ereignisse wie den Spanienkrieg und die Okkupation der Tschechoslowakei durch Hitler; er schreibt Kritiken und Glossen für die von seinem Freund Pascal Pia begründete Zeitung ›Alger républicain‹. 1937 erscheinen seine ersten, Jean Grenier gewidmeten Essays ›L'Envers et l'Endroit‹. Als er 1939 die Erzählung ›Le Mur‹ von Sartre gelesen hat, schreibt er dazu im ›Alger républicain‹: »Die Absurdität des Lebens festzustellen, kann nicht ein Ziel sein, sondern nur ein Anfang.«

Es ist nicht leicht, in diesen divergierenden Interessen und Tendenzen des noch nicht dreißigjährigen Camus den Ansatz seines Denkens freizulegen. Nur in der Rückschau scheint es möglich und legitim, in diesem Anfang das Bleibend-Bestimmende und das Zufällige zu unterscheiden. Camus hat sehr früh die Zwiespältigkeit entdeckt, die weltliches und menschliches Sein charakterisiert. Die Gleichzeitigkeit von Schönheit und Bedrohlichkeit der Welt bildet ein nicht auflösbares Paradox. Nicht erst der Mensch bringt durch seinen Geist den Zwiespalt in die Welt – wie deutsche Lebensphilosophen meinten –, er liegt, rätselhaft genug, in ihr selbst. Symbole dieser Ambivalenz sind für Camus die algerischen

Orte Tipasa und Djemila: Tipasa die Stätte der Faszination, des Glanzes, Djemila der Ort der Wüste, der Einsamkeit, der Kargheit. In Florenz erlebt Camus den Ausgleich dieses Gegensatzes, die Form, das Maß. Diese Erfahrung des Zwiespalts in der Welt findet ihre Entsprechung auf der Ebene der menschlichen Selbsterfahrung: Dem Willen zum Leben, zur Freude, der Weigerung, sich mit den traditionell auferlegten Pflichten und Verzichten abzufinden, dem Verlangen nach Erkenntnis und Klarheit widersprechen das Leiden, der Tod, das Böse – Realitäten, die Camus von Jugend auf bekannt waren.

Wahrheiten in einer Dimension, die »metaphysisch« genannt zu werden pflegt, kann der Mensch nicht erkennen, und eben darin besteht die Absurdität. In seinen Studien über die Spätantike und das Christentum, das er stets schon in der patristisch-augustinischen Gestalt vor sich hat, so aber als essentiell und unveränderbar hinnimmt, wird Camus deutlich, daß die religiösen Heilsangebote den Menschen von der Welt, von der Freude entfernen und ihn auf seine Seele und deren Jenseitsinteresse fixieren. Eine der Rationalität vorangehende und durch sie wieder einzuholende religiöse Erfahrung war Camus nicht zu eigen. Daher hat er weder zu christlicher noch zu griechischer Religiosität einen Zugang. Seine Position ist jedoch nicht dezidiert atheistisch, sondern die des Nichtwissens, der Agnosis, die allerdings zum Atheismus tendiert. Die Realität des Bösen ist für Camus das stärkste Argument gegen jede personale Gottesvorstellung. Jegliches metaphysische Totalwissen und jeder Zugang zur Religion und zum ursprünglichen Mythos scheitert an der ›clairvoyance‹ des Denkens und der realen Erfahrung. Die Konsequenz lautet dann: Sich selbst behaupten gegen das Absurde durch den Widerspruch, den Protest, die Empörung, die Weigerung, sich abzufinden und zu schweigen, aber auch durch die Mobilisierung aller humanen Energien, durch das Handeln – als Politiker, als Künstler, als engagierter Zeitgenosse, als »Moralist«. Das Problem der Hoffnung stellt sich für Camus vorwiegend unter dem Aspekt der religiös-metaphysischen Hoffnung auf eine andere Welt, an die er nicht glauben kann. Die Verneinung dieser Art der Hoffnung, ja der Widerstand gegen sie sind also bei Camus nicht anthropologisch-geschichtsphilosophisch und praktisch auszulegen als Verzweiflung und Resignation. Es gibt bei Camus eine bewußte und ausgeprägte Sehnsucht nach dem Gelingen menschlicher Selbstbehauptung, aber vor dem Glauben an die Erfüllbarkeit dieser Sehnsucht warnt ihn seine Kenntnis der Menschen und das Wissen um den alles bedrohenden Zwiespalt, philosophischer formuliert: die Problematik des Todes und des Bösen.

Den Sprung in eine ablenkende und deshalb schlechte, täuschende Hoffnung kritisiert Camus an den Vertretern des »existentiellen Denkens«, vor allem an Kierkegaard, Jaspers, Marcel, aber auch Kafka; einen solchen Sprung hält Camus für rational nicht verantwortbar – ähnlich wie der kritisch-skeptische Gesprächspartner – Montaigne? – im Fragment über die Wette bei Pascal. Die Philosophie des Absurden, die die Hoffnung zurückweist und deswegen zur permanenten Aktion aufruft, hat durch die Rezeption der Sisyphos-Gestalt ein wirkungsvolles Symbol erhalten. Dieses Werk, das 1942 bei Gallimard erscheinen konnte, enthält philosophisch-phänomenologische Analysen von großer Eindringlichkeit. Sartre begrüßte dieses Buch ebenso wie den kurz zuvor erschienenen Roman ›Der Fremde‹ und schrieb: »Man könnte sagen: *Der Mythos von Sisyphos* wolle uns diesen *Begriff* (des Absurden, Anm. d.

Verf.) vermitteln und *Der Fremde* dieses *Gefühl.*« Ist der ›Sisyphos‹ der Ausdruck eines pessimistischen und nihilistischen Denkens? So kann es scheinen, und bisweilen wurde von hier aus eine Übereinstimmung mit dem Existentialismus Sartres herzustellen versucht. Doch man überhörte gemeinhin jene Andeutungen, mit denen Camus sich im Vorspruch zu diesem Werk dagegen absichert, künftig als Philosoph des Absurden gelten zu sollen. Er versteht seine »Beschreibung« als die eines geistigen Übels im »Reinzustande« und möchte sich zunächst jeder Diskussion der Konsequenzen enthalten. Dadurch gewinnt das Buch eher den Charakter einer Herausforderung auf Grund einer äußerst scharfen Diagnose, nicht aber erhält es den Auftrag, den Gedanken der Absurdität erst zu lehren und einzupflanzen.

Weder vom ›Sisyphos‹ her noch auf Grund anderer Texte gibt es einen Anhaltspunkt dafür, daß Camus den Ansatz der Sartreschen Philosophie mitvollzogen hätte. Die Radikalität des Anfangs in Sartres Denken läßt sich erkennen an seiner äußerst polemischen, biographisch gefärbten Absage an das Christentum und dessen bürgerliche Kultur und durch die ebenso militante Option für den Atheismus sowie an seiner derart bedingten rationalistischen und damit im Vergleich zu Camus gänzlich anti-ästhetischen Phänomenologie.

Von diesen Grundlagen aus gelangte Sartre konsequent zu der programmatischen Umkehrung des Verhältnisses von Essenz und Existenz, also zu der These vom ontologischen Vorrang der Existenz und von der Abhängigkeit der Wesenheiten und Werte vom geschichtlich-gesellschaftlichen Schon-Entworfensein sowie der noch verbleibenden Freiheit der Menschen. Die Legitimität des Ansatzes, der meines Erachtens die Logik der Aufklärung vollendet, ist hier nicht zu untersuchen. Camus seinerseits hat eine so weitgehende Konsequenz nicht gezogen; nicht, weil er der weniger spekulative Kopf war, sondern weil ihn andere Grunderfahrungen von Anfang an daran hinderten, die Absurdität, die er als Ausgangspunkt durchaus übernimmt, in eine Position des metaphysischen Wissens zu transzendieren, sei es in die der Affirmation oder die der Verneinung – wie bei Sartre. Camus entfaltet diese Aporie im ›Sisyphos‹ an der für ihn entscheidenden Frage des Selbstmordes. Er lehnt ihn ab, weil menschliche Einsicht nicht ausreicht, um eine Rechtfertigung für die absolute Negation zu finden, und deshalb fordert er das Weitermachen im Hinnehmen der absurden Bedingung des Menschseins, eines Absurden, das gerade durch die Dialektik von Schönheit und Bosheit gekennzeichnet ist, insgeheim aber sich selbst doch schon auf die Aktion hin transzendiert hat – auf

Grund eines vorgängigen Willens zum Leben, zum Existieren, zur Welt, der rational nicht deduzierbar ist. Dieser Überschuß an Bejahung ergibt sich also nach Camus aus dem Leben, aus der Wirklichkeit selbst, er ist, wenn man so will, durchaus als irrational zu bezeichnen. Man kann diese Entscheidung für das Weiterleben, für die Aktion im Sinne Camus' auch als eine Setzung verstehen, eine gesetzte Setzung, die der Mensch, jeglicher metaphysischer Ursprungsauslegung unfähig, auf Grund seiner konkreten und rationalen Erfahrung mitsetzt, sobald er das Zurückschrecken vor dem Tod, dem Leiden, dem Bösen als eine humane Empfindung gelten läßt, und erst recht, wenn er es reflektiert. Im Sinne dieser Philosophie des Weitermachens steht Camus auch schon mit dem ›Sisyphos‹ »jenseits des Nihilismus« und jenseits des Defaitismus, aber auch jenseits des bereits marxistisch orientierten Existentialismus des frühen Sartre; denn es scheint so zu sein, und es stellt sich jedenfalls vom Standpunkt Camus' aus so dar, als werde bei Sartre die Erfahrung der Welt als Welt nicht nur nicht hinreichend entfaltet und differenziert, sondern völlig preisgegeben zugunsten des Glaubens an die Geschichte.

Damit sind wir bei der fundamentalen Frage, die seit Sartre von vielen an das Werk Camus' gerichtet wird. Wie steht es hier mit der Geschichte, mit dem Handeln des Menschen, mit der Hoffnung auf geschichtlich-gesellschaftliche Zukunft? Es scheint, als stehe Camus auf der Seite der Natur, des Lebens, der Welt, vielleicht gar des Seins, und als negiere er die Geschichte. Doch diese Antithetik ist eine Vereinfachung. Erinnern wir uns daran, daß Camus das hier liegende Problem aus politischer Praxis kannte: Er war 1934/35 Mitglied der Kommunistischen Partei; sein Engagement in der Résistance, bei der Zeitung ›Combat‹, im Algerienstreit, nicht zuletzt aber die im Kreis um Sartre geführten Diskussionen über den Terror des Stalinismus konfrontierten ihn ständig neu mit der Frage nach dem Verhältnis von Ziel und Mitteln des politischen Handelns, genauer gesagt: mit dem Problem des Mordes in der Politik. Daß er nicht nur empört war, daß er keineswegs politisch resignierte und abstinent wurde, daß er vielmehr mit der großen philosophischen Tradition Politik als theoretische und praktische Herausforderung verstand, beweist das Werk ›L'homme révolté‹.

In diesem Buch stellt sich Camus, zwar zumeist nicht thematisch, aber doch implizit, die Frage nach dem Sinn der Geschichte, indem er die Konsequenzen der metaphysischen Revolte, das heißt bei ihm: des Protests gegen Metaphysik und Religion, zu Ende denkt und das Problem des historischen Mordes, das heißt des Mordes oder eben der Gewalt als Mittel für einen vermeintlich guten Endzweck, an exemplarischen Situationen analysiert. Camus tritt dabei auch in eine Auseinandersetzung mit Hegel und Marx ein, denen er äußerst kritisch gegenübersteht, zwar nicht in bezug auf das Ziel der Befreiung und der Gerechtigkeit, sehr bewußt jedoch im Hinblick auf die Mittel und auch auf die Erreichbarkeit dieses Ziels. Seine Kritik an Marx bzw. am Marxismus, die im übrigen einer eigenen Untersuchung bedarf, ist stark von der Praxis des Stalinismus bestimmt, dessen Totalitarismus nach Camus von dem des Faschismus nicht wesentlich verschieden ist.

Im Algerienkonflikt versuchte Camus zu vermitteln, was ihm die Gegnerschaft der Linken wie der Rechten eintrug; er nahm gegen den Terror auf beiden Seiten Stellung und weigerte sich sogar, ein gegen den Terror französischer Polizei gerichtetes Manifest zu unterzeichnen. Camus hätte Gegengewalt niemals pauschal legitimiert, aber vielleicht hätte er versucht, sie in ihrem relativen politischen Recht zu verstehen und sie im Maße des Möglichen zu humanisieren. Von demjenigen, der überzeugt ist, aus politischen Gründen töten zu müssen, hat Camus gefordert, er müsse zum Selbstopfer bereit sein. Es ist für Camus' Position charakteristisch, daß er frei bleibt, gegen jeglichen Terror, auf welcher Seite auch immer, zu protestieren. 1952 tritt er aus der UNESCO aus, weil man die Aufnahme Spaniens beschlossen hatte; 1953 steht er auf der Seite der Berliner und 1956 auf der der Ungarn.

Camus hat unterschieden zwischen dem Menschen der Revolte und dem Revolutionär. Die Revolte bedeutet die kompromißlose Option zugunsten der konkreten menschlichen Befreiung und Gerechtigkeit. Wie Camus die Mentalität dieser Revolte verstanden hat, scheint mir aus folgendem

Satz hervorzugehen: »Ich habe die Freiheit nicht bei Marx kennengelernt... Ich habe sie im Elend gelernt.« Auf Grund seiner Herkunft aus dem Landarbeitermilieu Algeriens und seiner Kenntnis der miserablen Lebensbedingungen der kabylischen Araber hat Camus jene Haltung niemals aufgegeben, die man mit dem von Marcuse in Umlauf gebrachten Begriff der »Sensibilität« bezeichnen könnte, eine Sensibilität für die Armen, Ungebildeten, Unterprivilegierten. Der Revolutionär dagegen, so sieht es Camus, schreitet über das einzelne und die einzelnen hinweg, um sein Totalkonzept zu verwirklichen; er ist grundsätzlich bereit, zur Erreichung seiner Ziele Gewalt einzusetzen. Camus sieht in diesem Rigorismus den politischen Ausdruck eines Absolutheits- und Totalwissens, wie es seiner Ansicht nach vor allem bei Hegel und Marx zum Zuge kommt. Diesem verwegenen Griff nach dem Ganzen steht auf der spekulativen Ebene Camus' Erfahrung des Nichtwissens entgegen, auf der Ebene der Praxis die empirische Kenntnis des Elends, das nach sofortiger Linderung verlangt. Camus lehnt die Erwartung einer futurischen Totalbeseitigung des Elends und in diesem Sinne die Utopie ab. Sie scheitert an den Erkenntnisgrenzen des Menschen und an den realen Anrechten der Leidenden. Camus tritt für eine sozialistisch-syndikalistische Demokratie ein, die auf der Basis der Anerkennung von Rechten und Ansprüchen eines jeden Individuums steht, dies allerdings nicht nur formal und abstrakt, sondern als Verpflichtung zur permanenten Korrektur der realen Verhältnisse. Obwohl nicht Mitglied einer Partei, unterstützt Camus bei den französischen Wahlen im Januar 1956 die liberal-linke »Republikanische Front« von Pierre Mendès-France.

Die Haltung der größeren Milde, der

größeren Geduld und Toleranz drückt für Camus den »mittelmeerischen Gedanken« aus, den er in den folgenden Sätzen der »deutschen« Ideologie typisierend und damit vereinfachend entgegensetzt:

> Der tiefgehende Konflikt dieses Jahrhunderts besteht... zwischen den deutschen Wunschbildern und der mittelmeerischen Tradition, zwischen den Gewaltausbrüchen einer ewigen Jünglinghaftigkeit und der Kraft des Mannes, zwischen der durch Kenntnisse und Bücher gesteigerten Sehnsucht und dem im Laufe des Lebens gehärteten und klarblickenden Mut, endlich zwischen Geschichte und Natur.

Camus will für den Ausgleich kämpfen, für das Maß, und erweist sich damit als Repräsentant eines auf Frieden, Dialog und Kommunikation aufgebauten Humanismus. Wir dürfen die Wörter »Dialog« und »Kommunikation« hier nennen, ohne uns zu genieren, ja wir müssen es, denn Camus hat sie verwendet, als sie noch nicht Mode waren, sondern noch über die Fronten hinweg ein Programm darstellten, das Nonkonformismus und Mut erforderte. Er schreibt:

> Platon hat recht gegen Moses und Nietzsche. Der Dialog auf menschlicher Ebene kostet weniger als das Evangelium der totalitären Religionen, das – ein Monolog – von der Höhe eines einsamen Berges herab diktiert wird. Auf der Bühne wie in der Stadt kommt der Monolog unmittelbar vor dem Tode.

Die Notwendigkeit einer politischen Philosophie und einer Politik des Ausgleichs ergibt sich für Camus auch aus den gegenseitigen Begrenzungen der Forderungen nach Gerechtigkeit und nach Freiheit.

> Die absolute Freiheit bedeutet das stärkste Recht zu herrschen. Sie erhält also die Konflikte aufrecht, die der Ungerechtigkeit zugute kommen. Die absolute Gerechtigkeit schreitet durch die Unterdrückung jedes Widerspruchs: sie vernichtet die Freiheit.

Es zeigt sich hier mit besonderer Deutlichkeit, in welchem Sinne Camus sein Denken als eine »Philosophie der Grenzen« versteht, als eine Philosophie des Relativen, als ein »approximatives Denken«, das nicht über absolute Wahrheiten verfügt, sondern – geleitet von der konkreten Parteinahme zugunsten der hier und jetzt Armen und Leidenden – die rational zu ermittelnden Wahrscheinlichkeiten zu einer Grundüberzeugung oder besser: zu einer existentiellen Schlußfolgerung konvergieren läßt und so zu einem verantwortlichen Handeln inspiriert. In diesem Kontext weist Camus der Kunst die Aufgabe zu, der ständige Anwalt der humanen Revolte zu sein; um diesen Auftrag erfüllen zu können, bedarf sie der unumschränkten Freiheit. Es wäre lohnend, diesem Gedanken weiter nachzugehen und die Grundzüge von Camus' Kunsttheorie und Ästhetik aufzuzeigen; das ist hier nicht möglich. Ich möchte jetzt lediglich noch die

Frage aufgreifen, worin das entschiedene, kompromißlose Eintreten für das Leben, die Freiheit, das Glück jedes einzelnen gründet, das Camus gegen den Terror von Links und Rechts ebenso Stellung nehmen läßt wie gegen die Todesstrafe und gegen den Selbstmord.

Das Problem verweist uns zunächst auf die erste Empörung gegen das Elend, das Camus sehr genau kannte; von hier aus führt der Weg zu der Formel des ›Homme révolté‹: »Ich empöre mich, also sind wir.« Doch die Empörung Camus' – es handelt sich jetzt um die rational vermittelte »zweite Empörung« – hat noch einen anderen, tieferen, wenn man will: metaphysischen Hintergrund: Die »Weigerung«, sich abzufinden mit den Vertröstungen auf »überirdische Hoffnungen« (Nietzsche), mit einem Leben ohne Freiheit, ohne die Erfüllung der elementarsten menschlichen Bedürfnisse und Freuden, hängt bei Camus direkt mit der Einsicht zusammen, daß in Anbetracht des allgemeinen Elends und der offenbaren Paradoxien eine Theodizee unmöglich ist. Die Absurdität, der Zwiespalt, die Widersprüchlichkeit werden derart deutlich und bewußt erfahren, daß sie die Annahme eines personalen Gottes als rational nicht motivierbar erscheinen lassen. Falls es ihn gäbe, fiele die Verantwortung letztlich auf ihn zurück – ein unvollziehbarer Gedanke. 1946 hat Camus in einem Vortrag vor den Dominikanern in Paris bekannt, er fühle sich »ein wenig wie Augustinus vor seiner Bekehrung«, der von sich gesagt habe: »Ich forschte nach dem Ursprung des Bösen und blieb darin befangen.« Der Hinweis auf Augustinus sollte für die Christen kein Grund sein, Camus als eine Art Katechumenen für sich zu beanspruchen; eher sollte man sich der Konflikte des noch nicht bekehrten Augustinus mit Achtung erinnern. Der Widerspruch in der Welt, der rational verantwortbare Aussagen über den Gott ausschließt, kann aber – das hat Camus gewußt – nur dann zum Anlaß des Protestes gegen den moralischen, guten und eschatologisch (endlich) gnädigen Gott genommen werden, wenn der Mensch selbst so handelt, daß sich der Protest nicht auch gegen ihn selbst wenden muß. Das heißt: Pflicht der Menschen ist die größtmögliche Beseitigung des Bösen, und jedes konkrete Elend verlangt die konkrete Aktion. Das Spiel mit dem Elend zugunsten einer fernen, vollkommenen Zukunft erscheint zynisch, als Ausdruck von Menschenverachtung, als Negation der Würde der Leidenden, als Negation der Liebe. Auf diesem Hintergrund ist jener Satz aus Camus' Rede bei den Dominikanern zu verstehen, der oft zitiert wird:

> Wir können es vielleicht nicht verhindern, daß diese Schöpfung eine Welt ist, in der Kinder gemartert werden. Aber wir können die Zahl der ge-

marterten Kinder verringern. Und wenn Sie uns dabei nicht helfen, wer soll uns dann helfen?

Ist Camus mit diesem Verzicht auf die Philosophie der totalen Veränderung jener Täuschung anheimgefallen, die Merleau-Ponty als »liberale Mystifikation« zu entlarven sucht? Daß Marxisten diesen Vorwurf erheben, kann nicht überraschen. Aber hängt es denn nur von der eigenen Überzeugung, von der eigenen Ideologie ab, ob man den Gedanken des Maßes und des Rechtes übernimmt oder nicht? Nach Camus' Ansicht keinesfalls; denn die rigoristische Position verlangt den durchaus irrationalen Glauben an den Erfolg ihrer Logik, und niemand kann wissen, ob es möglich ist, bei der Praxis der Gewalt das Ziel eines besseren, neuen Humanismus im Auge zu behalten und schließlich zu jener Freiheit und Würde zurückzukehren, der die Gewalt vorgeblich doch den Weg bereiten soll. Also spricht die von vielen angerufene praktische Vernunft für die Haltung des Maßes, sofern man von der Erfahrung der abwesenden Wahrheiten und von der Revolte für das Humane aus zum direkten Kampf gegen das Böse überzugehen bereit ist.

Die Grenze, die nicht überschritten werden darf, ist für Camus letztlich eine Grenze der »Natur«. Er schreibt gegen Ende seines Hauptwerks *Der Mensch in der Revolte*:

> Indem die Revolte den Glauben an eine allen Menschen gemeinsame Natur herbeiführen will, zieht sie das Maß und die Grenze ans Licht, die am Ursprung dieser Natur stehen.

Es versteht sich von selbst, daß Sartre den Rekurs auf die Natur als Rückfall in antiquiertes Denken ansehen mußte. Doch man täte Camus unrecht, legte man in seine Verwendung der Vokabel »Natur« jene ganze Metaphysik der Physis hinein, die von den Vorsokratikern bis in die Scholastik, ja bis zu Spinoza und Goethe, Hegel und Schelling entfaltet wurde. Camus versteht das Wort prosaischer, säkularer, unbefangener – als das Wort für das, was immer schon ist, als das Vorgegebene, das uns seine Regeln aufdrängen möchte. Wie dieses Vorgegebene metaphysisch zu begründen und ob ihm eine künftige Erfüllung zuzutrauen ist, darüber läßt sich nach Camus nichts ermitteln. Deswegen bedarf es einer einsichtigen Zustimmung, um die vorgegebene Natur vermittels der Revolte geschichtlich-politisch zur Geltung bringen zu können.

Ein Verständnis von Geschichte jedoch, die über die Grenzen der Natur, die Grenzen der Sterblichen hinausschreiten könnte in ein künftiges Noch-nicht-Gewesenes als in eine vollkommene Zukunft, weist Camus entschieden zurück. Schon in dem Vorwort zu ›Licht und Schatten‹ von 1937 heißt es:

Das Elend hinderte mich zu glauben, daß alles unter der Sonne und in der Geschichte gut sei; die Sonne lehrte mich, daß die Geschichte nicht alles ist.

Von dieser Ansicht ist Camus im Grunde nie abgerückt. Aber heißt das, daß es für ihn Geschichte und Hoffnung überhaupt nicht gibt? Gewiß, einen Historismus als Naturalismus lehnt er ab, er weigert sich auch, die Alternative Optimismus – Pessimismus zu übernehmen. Absurdität und Protest, die Erfahrung der Erkenntnisgrenzen und der Endlichkeit schließen einen bestimmten Typ des Geschichts- und Hoffnungsdenkens als philosophische Möglichkeit aus. Camus wußte, daß es sich bei den Themen »Geschichte« und »Hoffnung« um biblisch-christliche Motive handelt, die zwar in unser Denken eingegangen sind, aber rational nicht ausgewiesen werden können. Dennoch scheint es auch für Camus Hoffnung und Geschichte zu geben, wenn auch nicht im Sinne einer totalwissenden Philosophie oder Theologie, sondern auf eine nüchterne, desillusionierte Weise: Er vermag zu hoffen auf die Kraft des Protests, auf die Evidenz der Empörung, auf die Macht der praktischen Vernunft und des Ausgleichs, auf die Chance, das Elend zu vermindern. Jene helle Seite der Wirklichkeit, welche die Absurdität gerade dadurch hervortreten läßt, daß ohne sie der Nihilismus triumphieren müßte, ermutigt Camus zu seiner sehr klarsichtigen Hoffnung, die man eher als skeptische denn als zuversichtliche Hoffnung bezeichnen könnte, die aber dennoch eine Hoffnung ist, die – wenn auch diskret und eben nicht spektakulär – zum humanen Dasein und Handeln befähigt.

Hans Mayer

*Imaginäres Gespräch zwischen
Albert Camus und
Hermann Hesse*

Sprecher: Den Lesesaal im olympischen Kulturhaus der verstorbenen Nobelpreisträger hat man sich vorzustellen, wie es die jeweilige Erdenmode verlangt. Es ist eine umfassende Bibliothek der Belletristik und für Belletristen. Die Nobelpreisträger für Physik, Medizin und Chemie leben in ihren eigenen Kulturhäusern. Auch dort gibt es Lesesäle, aber selbstverständlich mit einem ganz anderen Aufbau der Bibliothek. Übrigens findet man die abgeschiedenen Olympier nun, da sie wirklich auf dem Olymp leben, nicht allzu häufig bei den Büchern. Mancher von ihnen, zum Beispiel Winston Churchill, auch er ein Nobelpreisträger der Literatur, liest keine Bücher, nur die pünktlich eintreffenden Tageszeitungen. Da kommt es ihm beim Lesen, wie auch den anderen Lorbeerträgern, gut zustatten, daß die sprachlichen Gegensätze der irdischen Existenz aufgehört haben. Jeder versteht jeden und kann jedes Buch in jeder Sprache mühelos lesen.

Neben Anatole France ist Hermann Hesse der eifrigste Leser. Im Gegensatz zu vielen seiner Kollegen, die meist nur ihre eigenen Werke von neuem durcharbeiten, wohl auch nachträglich bearbeiten, wirft Hesse keinen Blick mehr auf *Steppenwolf* oder *Demian*. Er hält sich auf dem laufenden, folglich nicht wesentlich anders als damals in Montagnola: kein Tag ohne ein neues Buch, ohne Ärger, literarische Verdrießlichkeit, Freude an neuer Entdeckung.

Diese allseitige Neugier eines Mannes, der Realität auch im nachirdischen Dasein zu verstehen sucht als Wirklichkeit von Büchern und Verfassern, mag die Ursache für eine Begegnung gewesen sein, von der nun berichtet werden soll. Was Hesse im Augenblick, da es zu dieser merkwürdigen Begegnung kommt, vor sich hat, läßt sich von weitem nicht erraten: auch die olympische Bibliothek arbeitet mit neutralen Einbänden, wo Shakespeare nicht anders aussieht als ein Roman des Marquis de Sade. Er schaut auf, als Albert Camus leise und höflich zum Lesetisch tritt, vor dem Hesse sehr aufmerksam zu arbeiten scheint, denn der Lesende hat einen Notizblock neben sich und macht Anmerkungen zur Lektüre. Camus hat drei broschierte blaue Bände unterm Arm, die offensichtlich eben erst eintrafen und noch nicht von der Bibliotheksverwaltung eingekleidet wurden. Es sind die Schlußbände der Werkausgabe 1970 von Hermann Hesse, also die gesammelten politischen Betrachtungen, kulturkritischen Essays, dazu zwei Bände Schriften zur Literatur.

Camus: Ich möchte keinesfalls stören, lieber Hermann Hesse, zumal ich anzunehmen glaube, daß Sie auch heute jene Lektüre wieder fortsetzen, die Sie seit einigen Tagen stark zu beschäftigen scheint. Halten Sie mich bitte nicht für indiskret, aber zufällig hörte ich, wie Sie sich vorgestern den Band ausliehen.

Hesse: Nun ja, ich lese die ›Kritik der dialektischen Vernunft‹ von Sartre und hoffe doch, daß es Ihnen nicht allzu sehr mißfällt. »Halten zu Gnaden«, pflegte der Musikus Miller in solchen Fällen zu sagen: eine Figur meines schwäbischen Landsmanns Friedrich Schiller.

Camus: Oh, es mißfällt mir keineswegs, daß Sie jenes Buch lesen, das ein Mann schrieb, der mein Freund war, dann mein Gegner, der jenen institutionalisierten Marxismus akzeptierte, dem ich mich widersetzen mußte, der mir, es hat mich gerührt, als ich das später las, einen sehr noblen Nachruf widmete und den wir wohl niemals in diesem Hause werden begrüßen können...

Hesse: Sie meinen, weil er den Nobelpreis für Literatur abwies, den wir beide akzeptierten: ich durch eine kurze schriftliche Danksage nach Stockholm, Sie hingegen, wie man mit Recht erwartet hatte, mit einer großen Rede vor schwedischen Zuhörern über die Aufgabe des Künstlers in seiner Zeit.

Camus: Das klingt ein bißchen ironisch. Ich habe mich also nicht getäuscht.

Hesse: Worin getäuscht?

Camus: In Ihrer geheimen Sympathie für Sartre und einer vielleicht nicht einmal sehr undeutlichen Ablehnung dessen, was der Schriftsteller Albert Camus damals, in unserer gemeinsamen Lebenszeit, gewollt und geschrieben hatte.

Hesse: Ich glaube nicht, daß irgendein Text, den ich schrieb, dies angeblich negative Urteil Hesses über Camus rechtfertigen könnte... Sie haben da, ich erkenne die neuen blauen Einbände, freundlicherweise drei Bände entliehen, die nahezu mein ganzes essayistisches und literaturkritisches Werk umfassen. Wenn mich meine Erinnerung nicht täuscht, findet sich nichts darin, was Ihr Werk beträfe: über keines Ihrer Theaterstücke, keinen Roman, keinen Essay habe ich mich öffentlich geäußert.

Camus: Sie haben das alles also niemals gelesen?

Hesse: Alles habe ich gelesen. Sie können es mir glauben.

Camus: Nun denn...

Hesse: Sie meinen, warum ich nie über ein Werk von Camus etwas sagte, und kann doch nicht leugnen, eine halbe Weltliteratur durchgearbeitet und in meist kleinen Marginalien für mich als Leser charakterisiert zu haben.

Camus: Genau das wollte ich fragen. Im Schlußband Ihrer Schriften zur Literatur finde ich Rezensionen von einer Breite der Lesesucht, die fast vergleichslos ist.

Hesse: Ich habe auch das geistreiche Buch Ihres französischen Landsmanns Valéry Larbaud gelesen mit dem reizenden Titel ›Die Lektüre – das unbestrafte Laster‹…

Camus: Über Joseph Roth haben Sie sich geäußert und über unsere amerikanischen Nobelpreiskollegen Hemingway und Faulkner, über den Italiener Lampedusa und den Amerikaner Salinger, über Max Frisch und Arno Schmidt, wenige Franzosen, das ist wahr, aber immerhin über einen Saint-Exupéry. Warum nicht über Albert Camus?

Hesse: Weil Sie mir zu ähnlich und zu unähnlich sind.

Camus: Die Unähnlichkeit scheint mir evident zu sein: zu Ihrer einstigen Lebensform, die schon im Mannesalter alle aktiven Kontakte zur Umwelt, ausgenommen zu einem engen Kreis der persönlichen Freunde, abgebrochen hatte und das Verhältnis zur Welt beschränkte auf die Entgegennahme und die Erzeugung von Informationen, auf Lesen und Schreiben, wenn man so will, während ich...

Hesse: Den Aktivismus eines Camus haben auch diejenigen stets bewundert, die ihn gleichwohl einen Mandarin von Paris nannten. Ich will nicht ungerecht sein: die Pariser Studenten im Mai 1968 ließen ihren damaligen Gegenspieler Sartre kaum zu Wort kommen, tolerierten ihn bestenfalls mit Höflichkeit, aber gelesen hatten sie alle Camus und dessen Buch vom Menschen in der Revolte.

Camus: Das scheint sich wie ein Kompliment auszunehmen, aber ich spüre abermals die Ironie. Wenn sich Revoltierende auf mich berufen, erregen sie dann nicht sogleich das Mißtrauen eines Hermann Hesse? Und wo wäre, um mit Ironie zu antworten, die Verantwortung des Schriftstellers Hesse zu situieren für die zahllosen Menschen in Amerika, die den ›Steppenwolf‹ und sogar ›Narziß und Goldmund‹ in den Rang idolhafter Bücher erhoben? Sie wissen natürlich, lieber Freund und Kollege, daß es eine Band gibt, die sich zum Steppenwolf bekennt.

Hesse: Das würde meinen Musiker Pablo im Roman nur erfreuen, und Mozart dürfte es wohl nicht kränken.

Camus: Dann wären sie ebensowenig unzufrieden über die amerikanischen Steppenwölfe, wie ich es zu sein vermag über die französischen Camus-Leser und Aktivisten vom Mai 1968?

Hesse: Warum sollte ich?

Camus: Dennoch wird, bei so viel evidenter Unähnlichkeit, durch Wirkungsgeschichte noch nicht eine substantielle Ähnlichkeit hergestellt. Worin wäre die mithin zu erblicken?

Hesse: Um Ihnen zu beweisen, daß ich mich der Lektüre Ihrer Schriften nicht entzog, darf ich an das Motto eben jenes

Buches ›Der Mensch in der Revolte‹ erinnern.

Camus: Hölderlin, Der Tod des Empedokles (rezitiert):

… und offen gab
Mein Herz, wie du, der ernsten Erde sich,
Der leidenden, und oft in heilger Nacht
Gelobt ichs dir, bis in den Tod
Die Schicksalvolle furchtlos treu zu lieben
Und ihrer Rätsel keines zu verschmähn.
So knüpft ich meinen Todesbund mit ihr.

Hesse: Also? … Meine Beziehung zu Hölderlin, neben Jean Paul und Goethe, wie es sich gehört, werden Sie kaum negieren wollen. Es gibt sogar die Erzählung ›Im Presselschen Gartenhaus‹, wo ich den kranken Hölderlin zu schildern suchte. Aber ich hätte mir niemals jenes Motto gewählt, das Sie sich aussuchten: Bekenntnis zur Erde als zu einem Todesbund. Man hat mich oft einen Spätromantiker genannt, aber dies Motto, lieber Albert Camus, wäre mir allzu romantisch vorgekommen.

Camus: Und welches Motto Hölderlins hätten Sie gewählt?

Hesse: Ich habe es einmal in einer Studie über jenen schwäbischen Dichter zitiert. Hören Sie sich den merkwürdigen Gedanken aus einem Aufsatz von Hölderlin an. »Es kommt alles darauf an, daß die Vortrefflichern das Interieure, die Schönern das Barbarische nicht zu sehr von sich ausschließen, sich aber auch nicht zu sehr damit vermischen, daß sie die Distanz, die zwischen ihnen und den andern ist, bestimmt und leidenschaftslos erkennen, und aus dieser Erkenntnis wirken und dulden. Isolieren sie sich zu sehr, so ist die Wirksamkeit verloren, und sie gehen in ihrer Einsamkeit unter.« Da hat Hölderlin, der wahrhaft zu den »Schönern« gehörte, eine tiefe Einsicht gehabt. Man darf diesen Satz von der Distanz und seine Forderung nicht nur so auffassen, als solle der edlere Mensch sich von den gemeineren Mitmenschen nicht allzu rigoros isolieren; seine eigentliche Tiefe zeigt er, wenn wir ihn auch nach innen verstehen, als die Forderung, der Edle müsse nicht nur in der Umwelt, sondern auch in sich selbst, in der eigenen Seele das Gemeinere, das naturhaft Naive anzuerkennen und zu schonen wissen.

Camus: Das scheint mir, wie oft bei Hermann Hesse, ein Ausweichen in die Psychoanalyse zu sein. Psychologie aber hilft immer nur Aktionen und Motive zu *verstehen*, sie wirkt kaum in der Aktion, wo es nicht auf Verstehen, sondern auf Entscheidungen ankommt. Ihr Hölderlin geht mit Ihnen den Weg nach innen. Mein Hölderlin, als Zeitgenosse einer Revolution in meinem Vaterlande, versteht das Bekenntnis zur Erde als Tätigkeit, und als Opfer...

Hesse: Warum sollten wir nicht offen

miteinander sein: hier im olympischen Jenseits? Nur allzu gut kenne ich Ihre Schriften, Albert Camus, nicht selten haben sie mich verdrossen.

Camus: Wann zum Beispiel?

Hesse: Als ich noch während des Zweiten Weltkriegs eines Tages auf meinem Tisch im Tessin ein illegales Heft aus der Widerstandsbewegung fand: ›Briefe an einen deutschen Freund‹, und später erfuhr, Sie seien der Verfasser. Ich war damals weniger entsetzt als traurig.

Camus: Sie meinen solche Sätze wie (zitiert) »...Darum kann ich Ihnen am Ende dieses Kampfes von der Stadt aus, die ein Höllengesicht bekommen hat, trotz aller den Unseren zugefügten Foltern, trotz unserer entstellten Toten und unserer Dörfer voll Waisen sagen, daß wir selbst im Augenblick, da wir euch mitleidlos vernichten werden, keinen Haß gegen euch empfinden. Und sogar wenn wir morgen wie so viele andere sterben müßten, würden wir keinen Haß empfinden. Wir können nicht gewährleisten, daß wir keine Angst hätten, wir würden nur versuchen, uns zu beherrschen. Aber wir können gewährleisten, nichts zu hassen. Mit dem einzigen auf Erden, das ich heute hassen könnte, sind wir im reinen, ich wiederhole es; wir wollen euch in eurer Macht vernichten, ohne eure Seele zu verstümmeln.«

Aber das war mitten im Krieg geschrieben und in der Illegalität. Später habe ich in einem Vorwort versucht, den Abstand dazu wiederherzustellen.

Hesse: Sie werden nicht erwarten können, daß ein Mann wie ich, der im September des ersten Weltkriegsjahres 1914 an Beethoven erinnerte und an die Neunte Symphonie mit dem Motto »O Freunde, nicht diese Töne!«, hier viel Verständnis anzubieten hätte. Sie sind Schriftsteller wie ich, Albert Camus, muß ich Ihnen wirklich wiederholen, was ich damals gegen die deutschen Nationalisten wie gegen die französischen schrieb, worauf man mich lange in beiden Ländern geächtet hat?

»Wir sehen Künstler und Gelehrte mit Protesten gegen kriegführende Mächte auf den Plan treten. Als ob jetzt, wo die Welt in Brand steht, solche Worte vom Schreibtisch irgendeinen Wert hätten. Als ob ein Künstler oder Literat, und sei er der beste und berühmteste, in den Dingen des Krieges irgend etwas zu sagen hätte.

Andere nehmen am großen Geschehen teil, indem sie den Krieg ins Studierzimmer tragen und am Schreibtisch blutige Schlachtgesänge verfassen oder Artikel, in denen der Haß zwischen den Völkern genährt und ingrimmig geschürt wird. Das ist vielleicht das Schlimmste. Jeder, der im Felde steht und täglich sein Leben wagt, habe das volle Recht zu Erbitterung und momentanem Zorn und Haß, und jeder aktive Politiker ebenso. Und wir anderen, wir Dichter, Künstler, Journalisten – kann es unsere Aufgabe sein, das Schlimme zu verschlimmern, das Häßliche und Beweinenswerte zu vermehren?«

Camus: Sind Sie niemals irre geworden an dieser Entscheidung für die Nichtteilnahme?

Hesse: Ich hielt es stets mit dem Kriegslied des deutschen Dichters Matthias Claudius: »'s ist leider Krieg, und ich begehre, nicht schuld daran zu sein.« Freilich wird man nicht besonders heiter beim Begehen dieses Weges. Sondern einsam und traurig.

Camus: Man hätte denken können, daß Schopenhauer Ihr Lieblingsphilosoph war, aber als ich jetzt im letzten Band Ihrer literarischen Aufsätze blätterte, erstaunte es mich etwas, daß Sie so kühl und kurz über ihn hinweggehen.

Hesse: Es war wohl meine intensive Beschäftigung mit den Indern und mit den

Chinesen, die mich davon abhielt, so viel Schopenhauer zu lesen, und dann zog mich in späteren Jahren die Geschichtswissenschaft an, wobei ich Schopenhauers Spuren bei meinem geliebten Geschichtsdenker wiederentdeckte, bei Jacob Burckhardt.

Camus: Ich war wohl etwas naiv, als ich annahm, zwei Männer wie wir, die so viel Nietzsche gelesen haben, müßten sich auch finden in ihrem Zweifel am Nutzen des geschichtlichen Denkens.

Hesse: Wenn Sie das ›Glasperlenspiel‹ gelesen haben, dürften Sie dort unter anderem auch so etwas gefunden haben wie ein Abschiednehmen von unserem »geschichtlichen« Zeitalter und von aller »Geschichte«. Aber diese Konstatierung sollte nicht mit einem Bekenntnis zu irgendeinem Nihilismus verwechselt werden. Ich habe wenig Ähnlichkeit mit den Figuren aus Ihrem Schauspiel ›Die Gerechten‹, obwohl ich Dostojewskij immer gern las.

Camus: Sie wissen genau, daß diejenigen mein Buch über den revoltierenden Menschen nicht verstehen wollen, die mich als Nihilisten bezeichnen. Kennzeichen des Nihilismus ist immer eine Indifferenz dem Leben gegenüber. Vom Nihilismus ist nur ein kurzer Weg nicht bloß zur Legitimation des Selbstmordes, sondern auch zur Rechtfertigung des Mordes, mag er nun politisch motiviert sein oder auch nicht. Wenn man dem Selbstmord seine Gründe abspricht, ist es gleicherweise unmöglich, dem Mord solche zuzusprechen. Es gibt keinen halben Nihilisten. Die absurde Überlegung kann nicht das Leben dessen bewahren, der spricht, und zugleich die Opferung der andern dulden. Vom Augenblick an, da man die Unmöglichkeit der absoluten Verneinung anerkennt, und Leben auf irgendeine Weise kommt dieser Anerkennung gleich, ist das erste, was sich nicht leugnen läßt, das Leben des andern. So raubt der gleiche

Begriff, der uns glauben ließ, der Mord sei gleichgültig, ihm seine Rechtfertigung; wir fallen in die Illegitimität zurück, aus der wir uns zu befreien suchten. Praktisch überzeugt uns dieser Gedanke zu gleicher Zeit, daß man töten kann und daß man es nicht kann.

Hesse: Und dennoch haben Sie sich für das Recht zur Revolte entschieden, ohne sie weltanschaulich irgendwie rechtfertigen zu können. Ich kenne Ihren Satz, der auch den Mord zuläßt in der Aktion, wenn Sie die Paradoxie der Revolte entwickeln: »Sie erzeugt gerade die Handlungen, die zu legitimieren man von ihr verlangt. So muß die Revolte ihre Gründe in sich selbst finden, da sie sie nirgendwo anders finden kann.« Finden Sie nicht, Schriftsteller Camus, daß Sartre, der dialektisch denkt und historisch und alle politischen Aktionen im geschichtlichen Zusammenhang des Klassenkampfes sieht, die tiefere Legitimation auch der Gewalt glaubwürdiger demonstrieren kann als Sie, der alle Geschichte ablehnt und damit jede Möglichkeit einer Rechtfertigung von Gewalttaten durch Erbitterung über vergangenes Unrecht *oder* durch Hoffnung auf die Beseitigung von Unrecht in der Zukunft?

Camus: Vielleicht werden Sie aber auch am Schluß meines Buches den Satz entdeckt haben, wo es heißt: »Über den Nihilismus hinaus, bereiten wir alle in den Ruinen eine Renaissance vor, doch wenige wissen es.«

Hesse: Ich weiß, ich weiß. Die Rettung durch das mittelmeerische Denken, durch die Sonne Nordafrikas, durch Nietzsches ewige Wiederkehr des Gleichen. Die Sonne Homers leuchtet auch uns? Sind Sie wirklich so sicher angesichts der Veränderung, die der Mensch unserem Planeten jeden Tag neu zufügt? So viel Geschichtspessimismus im Denken von Albert Camus – und so viel

Vertrauen auf die Stabilität der Mittelmeerwelt?

Camus: Ich bin eines gewaltsamen Todes gestorben: verblutet am Straßenrand. Vertrauen trotzdem, jenseits aller Gewalttaten, auf die leuchtende Renaissance nach allen Revolten und Ruinen. Wie sind Sie, Hesse, aus der Welt gegangen?

Hesse: Ich las sehr spät noch, mit dreiundachtzig Jahren, das Buch ›Der Ptolemäer‹ von Gottfried Benn. Es ist dort von Benns Lieblingsthema, dem Niedergang und kommenden Untergang der weißen Rasse, die Rede. »Das kommende Jahrhundert«, heißt es da, würde nur noch zwei Typen zulassen, zwei Konstitutionen, zwei Reaktionsformen: diejenigen, die handelten und hochwollten, und diejenigen, die schweigend die Verwandlung erwarteten – Verbrecher und Mönche, etwas anderes würde es nicht mehr geben.

Und Benn ist nicht der einzige Seher und

Prophet dieser Art. Worin auch wäre der schon beinah zur Mode entartete Durst nach Lotos, nach Nirwana, nach Zen begründet, wenn nicht in der bangen Ahnung kommender Untergänge und Wandlungen und in der Bereitschaft der nicht zu Tat und Verbrechen Begabten oder Gewillten, sich in das Jenseits der Gegensätze zu geben?

Sprecher: Gegen Ende des Gesprächs war Hesse aufgestanden. Sartres ›Kritik der dialektischen Vernunft‹ ließ er auf dem Lesetisch liegen, legte eine Hand auf die Schulter von Albert Camus und ging mit ihm aus dem Lesesaal hinüber in die olympischen Clubräume der Nobelpreisträger. Der Dialog wurde nicht fortgesetzt. Wozu auch? Sartre hätte spöttisch hinzugesetzt: »Weil die Würfel bereits gefallen waren.«

Nachweis

Der Essay ›Ni Victimes Ni Bourreaux‹
wurde 1946 für die Zeitung ›Combat‹
verfaßt und findet sich heute im Band Albert
Camus, *Actuelles, Chroniques 1944–48*,
Copyright © 1950, 1977 by Editions
Gallimard ›Weder Opfer noch Henker‹
erschien erstmals 1984 in deutscher Sprache
in: *Tintenfaß*, Das Magazin für den
überforderten Intellektuellen, Nr. 11,
Diogenes Verlag, Zürich, 1984, und ist
leicht gekürzt.

Der Essay von Heinz Robert Schlette ist
leicht gekürzt und geändert und stammt aus
dem Band Heinz Robert Schlette, *Aporie
und Glaube. Schriften zur Philosophie
und Theologie*
Copyright © 1970 by Kösel-Verlag,
München
Abdruck mit freundlicher Genehmigung

Der Beitrag von Hans Mayer erschien
erstmals in: Kontexte, hg. von H. J. Schultz.
Bd. 7 Stuttgart/Berlin 1971

ALBERT CAMUS, 1913 in Mondovi/Algerien als Sohn einer Spanierin und eines Franzosen geboren, wuchs in einfachen Verhältnissen auf. Während des Zweiten Weltkriegs zog er nach Paris, wo er der Résistance angehörte und Mitbegründer der Zeitung ›Combat‹ war. Seinem Werk, darunter die berühmten Romane *Der Fremde* und *Die Pest*, liegt die Philosophie des Absurden zugrunde. 1957 erhielt er den Nobelpreis für Literatur. Er starb 1960 in Villeblevin bei einem Verkehrsunfall.

Kleine Diogenes Taschenbücher

Die Bergpredigt
Aktuelle Texte aus dem Neuen Testament. Ausgewählt von Christian Strich. Mit einem Vorwort von H.G. Wells

Albert Camus
Weder Opfer noch Henker. Über eine neue Weltordnung. Mit einem Nachwort von Heinz Robert Schlette und einem Beitrag von Hans Mayer

Anton Čechov
Die Dame mit dem Hündchen. Zwei Erzählungen

Luciano De Crescenzo
Sokrates. Sein Leben und Denken

Friedrich Dürrenmatt
Die Panne. Eine noch mögliche Geschichte

Albert Einstein & Sigmund Freud
Warum Krieg? Ein Briefwechsel. Mit einem Essay von Isaac Asimov

Epikur
Über das Glück. Ausgewählte Texte. Vorwort von Ludwig Marcuse

Hermann Hesse
Gedichte. Ausgewählt von Christian Strich. Mit einem Essay des Autors über Gedichte. Mit einem Nachwort von Maria Nils

Patricia Highsmith
Drei Katzengeschichten

Hildegard von Bingen
Lieder. Zweisprachige Ausgabe lateinisch/deutsch. Ausgewählt von Silvia Sager. Vorwort von Walter Nigg

I Ging
Das Buch der Wandlungen. Herausgegeben von Thomas Cleary

Franz Kafka
Die Verwandlung. Erzählung
Brief an den Vater. Mit einem Vorwort von Max Brod

Immanuel Kant
Deines Lebens Sinn. Herausgegeben und mit einem Vorwort von Wolfgang Kraus

Lao Tse
Tao-Te-King. Mit einem Nachwort von Knut Walf

Die schönsten deutschen Liebesgedichte
Ausgewählt von Christian Strich

W. Somerset Maugham
Die Leidenschaft des Missionars. Erzählung

Mohammed
Die Stimme des Propheten Herausgegeben und Vorwort von Wolfgang Kraus

Michel de Montaigne
Um recht zu leben. Aus den Essais. Mit einem Vorwort von Egon Friedell

Christian Morgenstern
Galgenlieder. Ausgewählt von Christian Strich

Salomo
Weinen hat seine Zeit, Lachen hat seine Zeit. Die großen Dichtungen des König Salomo. Vorwort von Ludwig Marcuse

Patrick Süskind
Drei Geschichten

Susanna Tamaro
Eine Kindheit. Erzählung

Henry David Thoreau
Über die Pflicht zum Ungehorsam gegen den Staat. Mit einem Nachwort von Manfred Allié

Epiktet
Handbüchlein der Moral

Herausgegeben von Wolfgang Kraus

»Der Stoizismus entfaltete seit dem Jahre 310 v. Chr. eine durch die Jahrhunderte sich steigernde Wirksamkeit. In dieser Philosophie stand von Beginn an die Ethik an der Spitze, im Mittelpunkt der moralphilosophischen Bemühungen das Problem: Wie werde ich glücklich? Die Lösung, auf die einfachste Formel gebracht, lautet: Mach dich unabhängig! Stell dich auf dich selbst, das heißt: auf das, was in deiner Macht ist! Um alles andere mache dir keine Sorgen, da du sowieso nichts tun kannst. Ein sehr schmales Büchlein mit sehr großer Wirkung.« *Ludwig Marcuse*

Michel de Montaigne
Essais

nebst des Verfassers Leben nach der Ausgabe
von Pierre Coste, ins Deutsche übersetzt
von Johann Daniel Tietz

Drei Bände im Schuber, mit allen Essais, einer Biographie Montaignes, Briefen Montaignes, Stephan von Boetie »Von der freiwilligen Knechtschaft«, Kritiken zu den Essais sowie einem ausführlichen Personen- und Stichwortregister

»Daß ein solcher Mensch geschrieben hat, dadurch ist wahrlich die Lust, auf dieser Erde zu leben, vermehrt worden.«
Friedrich Nietzsche

»Ein großes Lese- und Lehrbuch vom richtigen Leben.«
Rolf Michaelis / Die Zeit, Hamburg

Französische Moralisten
La Rochefoucault, Vauvenargues,
Montesquieu, Chamfort

Herausgegeben von Fritz Schalk

»In Fortsetzung der Reflexionen Montaignes über Literatur, Politik, Geschichte, Philosophie und Religion standen die Moralisten in Opposition zum Rationalismus, gegen dessen ›metaphysische Sprachverwirrungen‹ sie in Maximen, Aphorismen und Anekdoten anschrieben. Besonders der Witz und die Ironie der Moralisten fanden in den Pariser Salons großen Anklang und zahlreiche Nachahmer; darüber hinaus beeinflußten sie u. a. Voltaire, Georg Christoph Lichtenberg, Johann Wolfgang von Goethe, Arthur Schopenhauer, Friedrich Nietzsche und Oscar Wilde.«
Der Literatur-Brockhaus

»Die Welt ist voll von Töpfen, die sich über Schüsseln lustig machen.«
La Rochefoucauld

Marquis de Vauvenargues
Große Gedanken entspringen im Herzen

Herausgegeben und mit einem Vorwort von
Wolfgang Kraus. Aus dem Französischen und mit
einem Nachwort von Candida Kraus
Frontispiz von Ch. Colin

»Man darf den Leser nicht voraussehen lassen, was man ihm sagen will, sondern muß ihn dazu bringen, den Gedanken selbst zu finden. Dann achtet er uns, weil wir denken wie er, aber langsamer, als er es tut.«
Vauvenargues

»Voltaire war einer der wenigen, die seinen hohen Geist sofort erkannten, und schrieb an den um zwanzig Jahre jüngeren Kollegen: ›Wären Sie um einige Jahre früher auf die Welt gekommen, so wären meine Werke besser geworden...‹ Er ist der früheste Prophet des Herzens; aber noch in einer männlichen unsentimentalen Form, die einem stärkeren und zugleich weniger komplizierten Geschlecht angehört.« *Egon Friedell*

Arthur Schopenhauer
Aphorismen zur Lebensweisheit

Mit einem Nachwort von Egon Friedell

»Schopenhauer bietet uns das Bild eines Geistes, dessen Vitalität die gewaltigste Lektüre trägt... Die Aphorismen zur Lebensweisheit sind vielleicht von allen mir bekannten Werken dasjenige, das bei einem Autor mit der größten Belesenheit die größte Originalität voraussetzt.« *Marcel Proust*

»Schopenhauer hat jedenfalls die ernstliche Absicht deutlich zu sein, sonst wäre seine Schreibweise nicht so bündig, wie sich's ein Mathematiker nur wünschen könnte. Zudem ist er, mein' ich, immer interessant, obgleich er stets dasselbe Thema variiert; denn dieses Thema ist ja unser Fleisch und Blut.« *Wilhelm Busch*

»Geistvoll, interessant und anregend.« *Theodor Fontane*

Friedrich Nietzsche
Brevier

Ausgewählt, herausgegeben und
mit einem Nachwort von Wolfgang Kraus

»Ich schließe alle meine Briefe an meine Freunde mit: Lest Nietzsche!«
August Strindberg

»Nietzsche ist, was sich immer deutlicher zeigt, der weitreichende Gigant der nachgoetheschen Epoche und seit Luther das größte deutsche Sprachgenie.«
Gottfried Benn

»Tritt man in Nietzsches Bücher, so fühlt man Ozon, elementarische, von aller Dumpfheit, Vernebelung und Schwüle entschwängerte Luft: man sieht frei in dieser heroischen Landschaft bis in alle Himmel hinauf und atmet eine einzig durchsichtige, messerscharfe Luft, eine Luft für starke Herzen und freie Geister.« *Stefan Zweig*

Ludwig Marcuse
Philosophie des Glücks

Von Hiob bis Freud

Marcuse erzählt von Hiob, dem ersten Rebellen gegen das Unglück; von Hans im Glück, der sein Glück in sich selbst entdeckte; von den glücklichen Pessimisten Salomon, Seneca und Schopenhauer; von Marx, Tolstoi, Robert Owen und einem glücklichen Sozialismus; und von Epikur mit seinen zahlreichen Nachkommen.

»Die Grenze des Pessimismus lag für Ludwig Marcuse in der Erfahrung von Lust und Glück; ihr widmete er ein eigenes Buch: die *Philosophie des Glücks*. In ihm sollte, allem Unglücks-Bewußtsein zum Trotz, die ›Glücks-Empfänglichkeit‹, der Wille zum Glück, das Talent zum Glück, der Mut zum Glück durch Vergegenwärtigung seiner unvergeßlichen Glorifizierung: von Epikur bis Nietzsche‹ ausdrücklich ›gestärkt‹ werden.« *Dieter Lamping*

Albert Einstein
Briefe

Aus dem Nachlaß herausgegeben von Helen Dukas und Banesh Hoffmann

»Wenn alle Leute so lebten wie ich, wahrlich, die Romanschriftstellerei wäre dann niemals auf die Welt gekommen.«
Albert Einstein

Einstein über E, Quantentheorie, Gesellschaft, m, Politik, Intellektuelle, Hitler, Toleranz, Todesstrafe, Misch-Ehe, Mozart, c^2, Manschettenknöpfe u.v.a.
Und außerdem: endlich die Relativitätstheorie auf den knappsten, allgemein verständlichen Nenner gebracht.

»Ein kleines Buch von großer therapeutischer Ausstrahlungskraft. Von seinen nie weitschweifigen Briefen geht eine charismatische Wirkung aus.« *Gabriele Wohmann*

Heinrich Böll
Worte töten
Worte heilen

Gedanken über Lebenslust, Sittenwächter und Lufthändler
Ausgewählt und zusammengestellt von Daniel Keel
Mit einem Nachwort von Alfred Andersch

»Bücher sind nicht immer sanfte Freunde, Trostspender, die wie mit zierlichen Gartengeräten die eigene Seele wie einen kleinen Vorgarten pflegen: die Sprache ist etwas zu Gewaltiges, zu Kostbares, als daß sie zu bloßem Zierat dienen sollte, sie ist des Menschen wertvollster natürlicher Besitz: Regen und Wind, Waffe und Geliebte, Sonne und Nacht, Rose und Dynamit; aber niemals nur eins von diesen: sie ist nie ungefährlich, weil sie von allem etwas enthält: Brot, Zärtlichkeit, Haß und Tod. Denn alles Geschriebene ist gegen den Tod angeschrieben.«
Heinrich Böll

»Seine mutige, engagierte, wache und immer wieder mahnende Stimme wird uns fehlen.«
Richard von Weizsäcker